W0237845

FOLIO JUNIOR

© Éditions Gallimard Jeunesse, 1996, pour le texte et les illustrations
© Éditions Gallimard Jeunesse , 1997, pour la présente édition

Agence Pertinax

de Jean-Philippe Arrou-Vignod
illustrations de Philippe Munch

Gallimard Jeunesse

CHAPITRE PREMIER

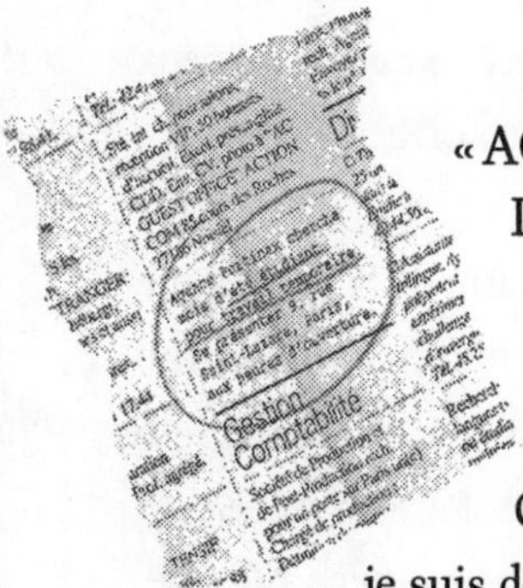

« AGENCE PERTINAX CHERCHE MOIS D'ÉTÉ ÉTUDIANT POUR TRAVAIL TEMPORAIRE. SE PRÉSENTER 9, RUE SAINT-LAZARE, PARIS, AUX HEURES D'OUVERTURE. »

C'est ma mère qui a trouvé l'annonce. Moi, je suis découragé. Découragé du porte-à-porte, des refus, d'envoyer des C.V. sans jamais une réponse. Chercher un boulot pour l'été, c'est presque un métier à temps plein ! Je ne demande pas grand-chose, pourtant : à seize ans, il faudrait être fou pour faire le difficile. Trouver un petit boulot, n'importe lequel, gagner un peu d'argent pour la rentrée prochaine. Je suis prêt à faire n'importe quoi, même la plonge dans un restaurant s'il le faut. Tout plutôt qu'un nouvel été à Paris, dans la cité.

– Un étudiant, a répété ma mère. C'est ce qu'ils disent dans l'annonce. Après tout, qu'est-ce que ça te coûte ?

J'ai dit « d'accord », pour lui faire plaisir, mais je n'y crois plus. Etudiant, ça fait ronflant. Quand vous précisez « redoublant de troisième », comme moi, c'est tout de suite moins classe. Qu'est-ce qu'ils voudraient, les gens ? Inutile d'être Einstein pour remplir des rayons au supermarché ou livrer des commissions. « On vous écrira », ils répondent. Sans mentir, si tous les employeurs auxquels je me suis adressé ce mois-ci devaient m'écrire, il y aurait de quoi faire exploser le bureau de poste du quartier.

– Mets la veste de ton frère ! me crie ma mère à l'instant où je sors. Et enlève-moi ces baskets pourries ! Est-ce que tu ne peux pas essayer de te présenter dans une tenue correcte, pour une fois ?

C'est comme ça que je me retrouve un matin de la fin juin rue Saint-Lazare, les pieds comprimés dans des chaussures trop petites, à tenter d'attacher mon vieux Solex à une grille de soupirail sans enduire de cambouis la veste de mon frère. Les manches me tombent au bout des doigts, je me sens ridicule, déguisé, j'ai l'impression d'être habillé d'un rideau. Juré, c'est bien la dernière fois que j'écoute ma mère...

Le 5, rue Saint-Lazare, est un immeuble vieillot comme on en trouve dans le quartier, avec une façade noircie, des balcons à moulures et encorbellement qui ont dû être chics autrefois. « Agence Pertinax, quatrième étage », dit la plaque de cuivre sur la porte.

Une profonde inspiration et je sonne. Un déclic électrique, la porte s'ouvre. Me voilà dans une entrée carrelée en damier. Délaissant la loge du gardien, je repère le nom de l'agence sur la rangée de boîtes à lettres. Au fond, une petite porte donne sur une cour intérieure. L'ascenseur, un vieux modèle vitré encagé dans son puits en grillage, ne me dit rien qui vaille. Ces trucs-là sont juste bons à donner le vertige ou à faire périr étouffé entre deux étages.

Malgré l'état de mes orteils, je choisis l'escalier. A mesure que je monte, le silence se fait plus oppressant. Un vieux tapis rouge éteint le bruit de mes pas, c'est à peine si on devine quelque part le cliquetis d'une machine à écrire. Une odeur de soupe, de poussière et de café réchauffé flotte dans les étages. C'est à la fois très calme et un peu sinistre. Au moins, dans la cité, les murs sont en papier, on entend tout ce qui se passe chez les voisins, ce n'est pas très intime mais c'est vivant.

Au quatrième, je ralentis, le cœur battant. C'est là, porte de gauche sur le palier. Je sonne. « Agence Pertinax, détective privé. Filatures, enquêtes en tout genre. Discrétion assurée. »

Détective privé ? Mon sang ne fait qu'un tour. Pertinax, une agence de détectives ? Je relis la plaque, incrédule. Moi qui croyais que ça n'existait que dans les films ! Question discrétion, en tout cas, c'est gagné : impossible de deviner d'en bas la vraie nature des activités de l'agence, à moins d'engager soi-même un détective...

Cette fois, le découragement m'accable. C'est bien ma veine. Qu'est-ce que Starsky et Hutch pourraient avoir à faire d'un redoublant de troisième ?

Je m'apprête à battre en retraite, la tête basse, quand la porte de l'agence s'ouvre à la volée.

– Ah ! Vous êtes là ! C'est bien la première fois qu'on m'envoie quelqu'un si vite !

Une jeune femme blonde m'attrape par le bras et me pousse à l'intérieur sans ménagement. Elle est haute comme trois pommes, blonde, juchée sur des talons vertigineux, la trentaine peut-être et plutôt jolie. J'essaie de protester – impossible d'en placer une.

Nous traversons l'entrée, une salle d'attente aux chaises dépareillées. Elle me propulse dans une petite pièce surchargée, apparemment le secrétariat :

– Que je vous explique, dit-elle, aspirant une grande goulée d'air comme si elle prenait son élan. Voilà : j'étais en train de taper un rapport lorsque le téléphone a sonné. Vous savez ce que c'est, interrompue toutes les cinq minutes, le travail en retard, tout est toujours urgent, bref : je décroche... Comment je me débrouille, je ne sais pas, toujours est-il que le combiné m'échappe. Il tombe sur le clavier, toc ! et alors là, la catastrophe : toutes les touches bloquées, mon rapport pétrifié sur l'écran, le travail qui ne se fait pas, le retard qui s'accumule... Comment voulez-vous que je m'en sorte si l'informatique s'y met elle aussi ?

Elle secoue une boîte de chewing-gums à la menthe, en prend un, m'en fourre un autre dans la bouche avant que j'aie eu le temps de dire ouf.

– Alors à vous, conclut-elle en s'effondrant sur sa chaise pivotante. Moi, je rends mon tablier.

Par chance, je m'y connais un peu en informatique. J'aime bien bidouiller sur les machines des copains. Je me jette à l'eau :

– Euh... Je peux y jeter un coup d'œil, si vous voulez...

La bécane de la blonde est un Mac flambant neuf qui sent encore la paraffine. Je tâte le pavé numérique. Aucun résultat. La touche de verrouillage a dû être actionnée.

– Rien de grave, je dis. Il suffit d'éteindre et de rallumer. Seulement, vous perdez ce qu'il y a à l'écran.

– Sans importance, dit-elle. Je venais juste de sauvegarder.

Pendant que j'enclenche la manip, le téléphone sonne.

– Agence Pertinax à votre service, dit la blonde avec une voix d'aéroport. Qui, dites-vous ?... S.O.S. Informatique ?... Vous ne pourrez envoyer quelqu'un avant deux bonnes heures ?... Mais votre employé est déjà ici : un garçon très capable d'ailleurs, très efficace... Comment ? Il ne travaille pas chez vous ? Vous en êtes sûr ?

Elle raccroche à l'instant où je rallume victorieusement l'ordinateur.

– Qu'est-ce que c'est que cette histoire ? me lance-t-elle, l'œil noir. Qui êtes-vous exactement ?

Je bredouille comme je peux :

– Laissez-moi vous expliquer. Je venais pour l'annonce...

– Ça ne va pas se passer comme ça ! J'appelle la police.

L'imbroglio total. Elle fait le geste de décrocher le téléphone, se ravise brusquement en ouvrant des yeux ronds. Un menu tout neuf vient de s'afficher sur l'écran de son Mac. Aussitôt elle change de ton :

– Mais tu l'as vraiment réparé ? s'exclame-t-elle. Assieds-toi donc, mon garçon. Tu m'ôtes une belle épine du pied. Pardon pour tout à l'heure : j'ai travaillé toute la matinée à classer des archives, ça m'a mise à cran... Alors comme ça, tu viens pour l'annonce ? Attends, je m'en occupe.

Elle tape un numéro avec la pointe de son stylo. Une sonnerie résonne dans la pièce d'à côté. La blonde me fait un clin d'œil.

– C'est quoi, ton prénom ?

– Matthieu, je murmure. Mes copains m'appellent Matt.

– Patron, elle dit. C'est pour l'annonce. Je crois qu'on a trouvé quelqu'un.

– ÉVIDEMMENT, REDOUBLANT, CE N'EST PAS BRILLANT. MAIS JE NE VOUS ENGAGE PAS POUR VOTRE Q.I. CE DONT J'AI BESOIN, c'est d'un garçon travailleur et débrouillard. Vous êtes débrouillard, Matt ?

– Je crois, m'sieur.

– A la bonne heure. Mon assistante vous expliquera en quoi consiste votre travail. Esprit d'initiative, ponctualité, assiduité, voilà ce que j'attends de vous. Quand pouvez-vous commencer ?

– Quand vous voulez, m'sieur.

– Dans ce cas, demain matin, neuf heures trente précises. Ah, jeune homme, encore une chose...

M. Pertinax se renverse dans son fauteuil, croisant les doigts à hauteur de son nœud papillon.

– N'allez surtout pas vous faire des idées erronées. La vie d'un détective n'a rien à voir avec un feuilleton américain. Le mystère, l'aventure, le danger... J'y ai cru, moi aussi, lorsque j'avais seize ans. Regardez-moi, Matt : est-ce que j'ai l'air d'avoir une existence exaltante et dangereuse ?

– Non, m'sieur.

Je réponds mécaniquement, en évitant de le regarder. Est-ce qu'il a remarqué que je suis déçu ? C'est vrai, un détective privé, on l'imagine costaud, le menton taillé à la serpe, avec un imper et un chapeau tout cabossé. M. Pertinax, lui, ressemble plutôt à un notaire : grand, un peu chauve, des sourcils épais comme des moustaches qui montent et qui descendent sur son front, un teint pâle de grand nerveux et ce nœud papillon de travers qu'il triture sans arrêt.

– Autant vous mettre en garde tout de suite, jeune homme : si vous attendez de cette place une sorte de récréation, vous risquez de déchanter très vite. Les crimes parfaits, les jolies filles, les poisons rares, tout ça n'existe que dans les livres. Notre clientèle ordinaire compte essentiellement des maris jaloux, des patrons soupçonneux et des mémés paranoïaques qui croient qu'on en veut à leur chien ou à leur canari. En fait d'émotions fortes, vous trouveriez mieux votre compte dans un centre de tri postal ou chez un marchand de timbres.

– Bien, m'sieur. Compris, m'sieur. Merci, m'sieur.

Enfoui dans ce fauteuil trop profond, les coudes remontés à hauteur des épaules, j'ai l'impression d'être un microbe sous le regard perçant de M. Pertinax. Par chance, l'entretien a l'air d'être terminé. Je m'extrais comme je peux du fauteuil, gagne la sortie en marche arrière, bredouillant des salamalecs.

– A propos, Matt, il me lance à l'instant où je quitte son bureau. Changez donc de veste. Celle-là n'est pas du tout votre genre.

La blonde du secrétariat glisse un coin de lunettes par-dessus son écran.

– Alors, engagé ?

– Ben oui, ça y est.

A vrai dire, je n'ose pas encore y croire. J'ai un boulot pour l'été, et dans une agence de détectives... La tête me tourne un peu. Quand mes copains vont apprendre ça !

– Félicitations, dit la blonde avec un sourire qui me renverse. Bienvenue à l'Agence Pertinax !

Et, se dressant sur la pointe des pieds, elle me colle sur la joue un de ces baisers sonores qui tuent leur homme à dix pas.

Je me sens vaciller : trouver un boulot et tomber amoureux le même jour, c'est vraiment trop pour moi.

– Je t'ai mis du rouge, dit la blonde en me frottant la joue avec un coin de mouchoir. Bon, que je t'explique un peu. Je peux t'appeler Matt, n'est-ce pas ?

– Sûr, je dis.

– Moi, c'est Clara. Je suis sa secrétaire.

Elle pointe la branche de ses lunettes vers le bureau du patron.

– Téléphone, courrier, rapports, en fait, je fais tout dans l'agence... Tu verras, le patron est rarement là : toujours par monts et par vaux, sur une affaire ou sur une autre... Tu as eu de la chance de tomber sur lui aujourd'hui.

Je n'ose pas dire que j'ai eu surtout de la chance de tomber sur elle. Maintenant que je suis détective adjoint (j'enlèverai « adjoint » pour mes copains), il faudrait que j'arrête de rougir dès qu'une femme de moins de cinquante ans me regarde.

– Et le boulot ? je demande.

J'ai déjà hâte de tâter du métier. Un garçon débrouillard a dit M. Pertinax. Filatures, enquêtes : pourvu qu'on ne m'en donne pas de trop difficiles au début, je devrais bien m'en tirer. Après tout, ce ne sera pas ma première affaire. C'est moi qui ai retrouvé le chat de la gardienne, l'année dernière, moi aussi qui ai résolu l'affaire de la mob volée dans les parkings de la cité. N'empêche, travailler avec de vrais détectives, résoudre de vraies affaires... Je me sens impatient et un peu nerveux, je ne sais pas pourquoi.

– Viens par là, dit Clara.

Je suis le mouvement de ses hanches à travers l'agence, le cœur battant et la bouche sèche. Par la porte entrouverte de la salle d'attente, j'aperçois un client : un homme d'âge moyen, costume sombre, qui tourne son chapeau entre ses doigts comme s'il attendait chez le dentiste.

– Adultère, me souffle la secrétaire. Tu veux parier ? Plutôt sinistre, le bonhomme. A la place de sa femme, je ferais pareil.

Elle s'arrête devant une porte vitrée à mi-hauteur, l'ouvre et fait jouer la lumière.

– Voilà ton domaine, elle me dit. Je te souhaite bien du courage.

Je recule d'un pas, horrifié.

La pièce qu'elle vient d'ouvrir a la taille d'un vaste débarras. De chaque côté, le long des murs, des étagères chargées jusqu'au plafond. Au milieu, une ampoule nue, pendue au bout de son fil à la manière d'une araignée. Des armoires à fichiers métalliques tapissent le fond. Partout, entassés en piles branlantes, des dossiers, des classeurs, des boîtes à chaussures regorgeant de paperasses.

– Les archives de l'agence, explique Clara. Vingt ans d'archives qu'il faut classer. Le patron s'est mis en tête d'informatiser nos dossiers. Il faut inventorier, trier, éliminer ce qui remonte à plus de dix ans, reclasser tout le reste... Tu te sens à la hauteur ?

La surprise m'empêche de répondre. Bouche bée je regarde les étagères croulantes, les armoires qui débordent, les dossiers qui éclatent. Un ver à papier n'y retrouverait pas ses petits.

– C'est ça, mon travail ? je finis par articuler.

– Naturellement, je t'aiderai. Mais toute seule, impossible d'y arriver. C'est moi qui ai eu l'idée de cette annonce. Quand on y verra plus clair, il ne restera plus qu'à tout rentrer sur l'ordinateur.

Une seconde, l'image de ma propre chambre me traverse l'esprit. La manière dont je traite mes affaires de classe fait déjà le désespoir de ma mère : alors comment veut-on que je mette de l'ordre dans vingt années d'archives ?

Le chiffre seul donne le tournis. Un chiffre plus vieux que moi, un chiffre de travaux forcés, presque une perpétuité...

Je déglutis bruyamment. Adieu enquêtes, filatures, héroïnes tremblantes que je serre dans mes bras... Avant même d'avoir existé, le grand détective Matt se transforme en archiviste, disparaît tel un rat dans la poussière et les papiers.

– Alors, n'oublie pas, hein ? me dit Clara en me poussant vers la porte. Demain matin neuf heures trente. Sois ponctuel, surtout, le patron déteste les retardataires.

Je me retrouve dans la rue sans trop savoir comment, clignant des yeux sous le soleil de juin.

J'ai beau essayer de me réjouir, je n'y arrive pas. Cette fois, je suis engagé, j'ai un boulot pour l'été. C'est ma mère qui va être contente. Mais moi, pour être tout à fait honnête, j'ai l'impression de m'être fait avoir.

Heureusement, il y a Clara. Je décide de ne pas tomber amoureux tout de suite : il y a deux mois d'été à tenir, autant se garder une poire pour la soif.

PAR OÙ COMMENCER ? LES PREMIERS JOURS, JE PATAUGE. J'AI L'IMPRESSION QUE LE CLASSEMENT N'AVANCE PAS, que je mets plus de désordre qu'autre chose. J'entre le matin dans mon cagibi mal éclairé, j'en sors le soir le dos cassé, les mains noires de plomb et de poussière. La nuit, je rêve de montagnes de dossiers : je m'enfonce dans des galeries aux parois mouvantes qui finissent immanquablement par s'écrouler sur moi. Je m'éveille en sursaut, haletant comme un noyé.

Par chance, Clara est là. Trois ou quatre fois par jour, elle passe le nez par la porte des archives, me demande si ça va. Quand j'ai le moral à zéro, elle m'envoie faire une course pour l'agence : un courrier à poster, des sandwichs à acheter au café du coin de la rue. Dehors, je traîne exprès, je m'aère, j'en profite pour flâner au soleil comme un prisonnier en permission.

Le matin, j'arrive à l'heure du rapport. Le patron, M. Pertinax, fait le point avec ses détectives sur les affaires en cours. Je les espionne depuis le couloir, feignant de m'attarder devant la machine à café. La porte reste entrebâillée, je devine des bribes, des mots saisis au vol : pas assez pour comprendre de quoi ils parlent, mais suffisamment pour me donner l'illusion de participer à la vie de l'agence.

Le moment que je préfère, c'est quand les détectives passent dans la journée. Je fais une pause dans le bureau de Clara, je les écoute plaisanter, parler de leurs enquêtes. Il y a Ferreira, un ancien boxeur au visage cabossé, qui m'appelle « petit » et m'écrase gentiment les doigts dans ses grandes pognes de poids mi-lourd. L'autre est plus jeune, avec une cravate voyante de vendeur de voitures, des chaussures anglaises et un nom à coucher dehors : Kowalszki, ou quelque chose comme ça. Tout le monde dit Koval, c'est plus facile. Il fait du plat à Clara, lui tape ses cigarettes, n'a jamais un sou sur lui et ment comme il respire.

– Koval ? dit Clara en haussant les épaules. Un charmeur. Peut pas s'en empêcher. Trente ans, trois mariages, trois divorces et des flopées d'enfants. Tout son salaire ici disparaît en pensions alimentaires.

A midi, l'agence ferme une heure pour le déjeuner. Je reste seul dans les bureaux. Je n'ai pas les moyens de manger au restau et ma mère me prépare une gamelle froide que j'avale sur le pouce. Quelquefois, le téléphone sonne, je prends les messages, j'ai l'impression de me rendre utile.

C'est comme ça que je l'ai rencontrée.

Ça se passe le quatrième jour. Je feuillette pendant la pause un dossier d'escroquerie à l'assurance quand j'entends farfouiller dans la serrure.

« Tiens, je me dis, Clara qui aura oublié quelque chose. »

Mais ce n'est pas Clara, à en juger par les raclements furtifs contre la porte. Le visiteur, quel qu'il soit, a du mal à manœuvrer la serrure et semble désireux de faire le moins de bruit possible.

« Un rossignol ! je pense subitement. On est en train de forcer la porte ! »

Mon sang ne fait qu'un tour. Je suis seul dans l'agence, seul et sans arme. Que faire contre un cambrioleur ?

Misant sur l'effet de surprise, le cœur battant à tout rompre, je m'aplatis derrière un fauteuil, prêt à bondir, mais ne sachant trop encore si ce sera sur l'intrus ou plus lâchement vers l'escalier.

Enfin, la clef tourne. La porte s'ouvre, une silhouette se profile dans l'embrasure. C'est l'instant que je choisis pour jaillir de ma cachette.

Un cri. Je m'immobilise, interdit. En fait de dangereux cambrioleur se tient sur le pas de la porte la plus jolie fille que j'aie vue de ma vie.

De longs cheveux ondulés, le nez droit et fin, la peau mate. D'immenses pupilles écarquillées, des cils qui lui mangent la figure, l'air d'une antilope traquée.

– Qui es-tu ? elle bredouille.

– C'est plutôt à moi de te demander ça.

Elle se ressaisit, glisse du doigt ses cheveux derrière son

oreille.

– Je m'appelle Schéhérazade. Et toi ?

– Matt.

– Tu m'as fait une de ces peurs…

– Je suis désolé. Je peux savoir ce que tu fais là ?

– Ma mère travaille ici.

– Ah bon ? Elle est détective ?

Elle hausse les épaules, me jette un regard méprisant sous ses paupières mi-closes.

– Elle fait le ménage, le soir, après la fermeture. Hier, elle a oublié son foulard. J'ai les clefs. Je venais le chercher.

– Je suis désolé, je répète, me sentant soudain tout bête. J'ai cru…

– Que j'étais une voleuse ? Idiot. Qui voudrait cambrioler une agence de détectives ?

– Je ne sais pas : un concurrent, des truands qui veulent subtiliser un dossier compromettant ou qui cherchent à se venger…

Elle me regarde avec plus d'intérêt.

– Et toi ? Tu travailles à l'agence ?

– Je classe des dossiers, j'explique, un peu gêné.

Je voudrais l'éblouir, la voir écarquiller à nouveau ses prunelles sombres. Je l'aide à chercher le foulard de sa mère, l'observant à la dérobée. Elle est grande, presque autant que moi, mince, avec des seins ronds, un cou interminable. Ses cheveux font des torsades couleur de miel et son nez bouge quand elle parle. D'où vient-elle ? D'Algérie ? Du Maroc ?

Je lui raconte l'annonce, les archives à trier. Elle a envie de rire mais elle se retient, comme si elle n'avait pas encore suffisamment confiance.

C'est alors qu'on sonne à la porte.

On se regarde et je la vois rougir. Est-ce à l'idée d'être découverte ici, toute seule avec moi ?

– Je vais voir qui ça peut être, je dis.

Je jette un coup d'œil par le judas. Impossible de rien distinguer tant la cage d'escalier est sombre. J'entrouvre la porte.

– L'agence est fermée, je dis. Pouvez-vous repasser à quinze heures ?

Sur le palier, il y a une petite vieille, tout essoufflée d'avoir monté les quatre étages. C'est ma première impression en tout cas, avant de découvrir à son souffle haletant qu'elle est seulement terrorisée.

– A quinze heures ? Non, non... Maintenant que je suis ici, pas question de repartir...

Elle a du mal à articuler tant son souffle est précipité.

– L'agence est fermée, je répète en montrant la plaque. Il n'y a personne pour l'instant.

La vieille secoue la tête, s'accroche avec obstination au chambranle de la porte.

– Maintenant… C'est maintenant que…

– Vite, Matt, s'écrie Schéhérazade : elle va tomber dans les pommes !

Le temps de la saisir chacun sous un bras et elle tourne à moitié de l'œil. Nous l'aidons à entrer, la soutenons jusqu'à une chaise. Elle paraît si légère qu'on dirait une poupée de chiffons.

– Merci, merci, halète-t-elle, tandis que Schéhérazade lui tend un gobelet d'eau. Tout va bien, maintenant. J'ai juste besoin de me reposer un moment.

– Pas de problème, je dis. Voulez-vous quelque chose à manger ?

– C'est mon cœur. Il me joue des tours ces derniers temps.

Le visage de la vieille a repris quelques couleurs. Schéhérazade, à demi rassurée seulement, lui tapote la main.

– Vous êtes Victor Pertinax ? me demande la vieille d'un petit air méfiant.

– Euh, non… juste un employé.

– Voilà des semaines que j'essaie de joindre M. Pertinax, explique-t-elle. Toujours parti ou en conférence. J'ai fini par me décider à venir moi-même.

– M. Pertinax est un homme très occupé, je dis, ne sachant trop pourquoi je prends sa défense.

Après tout, ce n'est pas comme si j'étais un employé de l'agence à temps plein. Et puis les patrons n'ont qu'à se défendre tout seuls.

– Oh ! je sais bien que les ennuis d'une vieille femme comme moi n'intéressent personne...

Elle dit ça d'une voix lasse, et une grosse larme coule le long de sa joue.

– Mais si, je dis. Mais si... Ça nous intéresse, nous.

– Il a raison, approuve Schéhérazade, aussi déconcertée que moi par ces larmes soudaines. Ne pleurez pas.

La vieille renifle, se tamponne le nez.

– Ce sont mes nerfs qui lâchent, s'excuse-t-elle. Toutes ces nuits sans dormir...

– Si vous racontiez à Matt ? suggère Schéhérazade. C'est l'assistant de M. Pertinax. Il est très très fort.

Je la regarde, ébahi. Décidément, cette fille est incroyable.

– UNE TOQUÉE, VOILÀ CE QU'A DÛ CROIRE M. PERTINAX, COMMENCE LA VIEILLE DAME. POURTANT JE VOUS JURE QUE JE NE SUIS PAS FOLLE.

On s'est assis plus confortablement dans la salle d'attente. Schéhérazade lui a servi un thé qu'elle sirote à petites gorgées.

– Bien sûr que non, je l'encourage.

– C'est que je ne dors plus depuis deux mois ! Au début, j'ai cru à une mauvaise farce. Je ne suis pas peureuse, pourtant. Mais aujourd'hui, je n'ose plus rentrer chez moi. J'ai l'impression de vivre un vrai cauchemar...

Schéhérazade lui tapote le bras.

– Tout va aller mieux maintenant. Vous avez bien fait de venir nous trouver.

– Depuis la mort de mon mari, explique la vieille dame d'une voix un peu raffermie, je vis seule dans notre pavillon rue des Lilas. J'ai mon jardin, mes habitudes dans le quartier. Je ne dérange personne. Je peux même dire qu'on m'aime bien.

Et puis, il y a deux mois, ça a commencé... Minuit, un jeudi je me souviens, le téléphone qui se met à sonner... C'est terrible, vous savez, un téléphone qui sonne au milieu de la nuit : on imagine des catastrophes, un accident. Je me lève, le cœur battant à cent à l'heure, j'enfile une robe de chambre, je décroche : personne. Une sorte d'affreux silence au bout de la ligne. « Allô ! Allô ! » J'ai beau m'époumoner, personne ne répond. Je raccroche, pensant à un faux numéro, quand le téléphone sonne à nouveau. Allô ! Allô ! Toujours personne, le même silence au bout du fil. Cette nuit-là, je n'ai pas pu fermer l'œil : le téléphone a sonné quinze fois, vingt fois, je ne sais plus ! A la fin, j'ai fini par décrocher le combiné, épuisée. Le lendemain, ça a recommencé...

– Les mêmes appels ?

– Au début, oui. Ce silence qui vous siffle aux oreilles, comme si quelqu'un était là, au bout du fil, attendant sans un mot... Le pire, c'est que ce n'était pas toutes les nuits. Une sur deux ou trois, peut-être. Chaque soir, j'allais me coucher sans savoir si ça n'allait pas recommencer. Impossible de fermer l'œil. J'attendais.

Je regarde Schéhérazade.

– Mais pourquoi répondre ? Si c'est un mauvais plaisant, il finira bien par se lasser.

– J'y ai pensé, bien sûr. Avez-vous déjà passé une nuit devant un téléphone qui sonne interminablement en vous demandant si quelqu'un n'est pas réellement en train de chercher à vous joindre ?

Elle frissonne, crispant ses mains transparentes autour du gobelet.

– Mais ça, c'était au début, reprend-elle. Avant que j'entende sa voix...

– Parce que vous l'avez entendue ? je m'exclame.

– Au bout de quinze jours peut-être. Une voix déformée, nasillarde. Je serais incapable de dire s'il s'agit d'un homme ou d'une femme. La première fois, ça m'a fait un choc. Comment vous dire ? J'étais presque soulagée après cet affreux silence. « Esther Rosenbaum ? a dit la voix. Bonjour, Esther... Ou plutôt : bonne nuit... Je sais que vous êtes seule, Esther. C'est une bien grande maison pour une vieille femme toute seule, n'est-ce pas ? Vous n'avez pas peur dans cette grande maison, Esther ? » Je ne me suis pas laissé impressionner. J'avais si peur qu'il ne raccroche que j'ai dû hurler dans le téléphone : « Qui êtes-vous ? Que me voulez-vous ? Je vous préviens, si vous ne cessez pas de me persécuter, j'appelle la police ! » « Appelez la police, Esther, a repris la voix avec douceur. Faites comme bon vous semble. Je vous souhaite une bonne nuit, Esther. A bientôt. » Il y a eu un déclic. Il avait raccroché.

J'ai la bouche ouverte, les yeux écarquillés. On dirait le scénario d'un de ces films de terreur que je loue quelquefois au vidéo-club de la cité. Schéhérazade, elle, déglutit avec difficulté.

– Je vous assure, poursuit Mme Rosenbaum, il en faut beaucoup pour me faire peur. J'ai quatre-vingt-quatre ans, comprenez-vous. J'ai connu la guerre, les camps... Mais cette voix au téléphone, presque chaque nuit...

– Il faut faire changer votre numéro, vous inscrire sur la liste rouge, empêcher ce cafard de vous retrouver!

– Je l'ai fait, ma petite. Peine perdue. La nuit même, il m'appelait: « On cherche à me faire des farces? A brouiller les pistes? Ça n'est pas gentil, Esther, pas gentil du tout... » C'était il y a une semaine. Depuis, il ne se contente plus de téléphoner: il sonne aussi à la porte. Naturellement, quand je regarde par le judas, il n'y a personne. Mais je suis sûre de l'entendre marcher dans le jardin certaines nuits.

– Et si vous demandiez à la police de vous protéger?

– Au commissariat du quartier, ils m'ont promis qu'ils feraient des rondes. Pour eux, ce n'est sans doute qu'une blague de garnements sans conséquence. Qui se préoccupe des angoisses d'une vieille femme de mon âge?

– Vous n'avez personne? Pas de famille pour s'occuper de vous?

– J'ai perdu toute ma famille dans les camps. Mon mari est mort il y a quinze ans. Il y a bien mon neveu Georges, mais c'est un homme très occupé. Il est notaire, comprenez-vous? Je ne peux tout de même pas le déranger parce que j'ai peur de rentrer chez moi...

– Je ne travaille que depuis quelques jours ici, dis-je en me grattant la tête. Je ne vous promets rien, mais je vais parler de votre affaire à M. Pertinax.

– En attendant, Matt va vous raccompagner, décrète Schéhérazade en se levant d'un bond.

S'il y a bien quelque chose que je déteste, c'est qu'on décide pour moi. Mais elle poursuit déjà :

– Il ne reprend le travail que dans une heure, il vous servira d'escorte. Et puis, qui sait : il y aura peut-être des indices à glaner sur place. Vous vous sentez en état de marcher ?

– Je crois que ça va aller, murmure Mme Rosenbaum. Comment vous remercier ?

– Bah ! dit Schéhérazade en m'enfonçant le coude dans les côtes. C'est notre boulot après tout, non ?

Comment ça, « notre boulot » ? Cette fois, elle dépasse les bornes ! Si elle croit qu'on ne peut rien refuser au regard mouillé d'or qu'elle me lance...

– C'est que... je bredouille, lamentable, je ne peux tout de même pas laisser le bureau sans surveillance.

– Ne t'inquiète pas, elle dit en me poussant vers la porte. Je garde la boutique.

Voilà comment, à l'heure du déjeuner, un beau jour de juillet, on devient garde du corps pour les beaux yeux liquides d'une fille qu'on vient à peine de rencontrer.

CHAPITRE CINQ

DEHORS, IL FAIT UN SOLEIL MAGNIFIQUE.
ESTHER ROSENBAUM TROTTINE À PETITS PAS, TOUTE SON ÉNERGIE RETROUVÉE.

– Une précieuse assistante que vous avez là, dit-elle. Et si serviable !

– Bah ! je réponds, incapable de trouver autre chose que les propres mots de Schéhérazade, c'est notre boulot.

– Vous semblez tellement jeunes tous les deux pour des détectives.

– C'est-à-dire, euh... Je viens juste d'être engagé à l'agence, j'explique, sans préciser la véritable nature de mon emploi.

A vrai dire, je me sens plutôt mal à l'aise. J'ai l'impression d'être un imposteur, un de ces types qui détroussent les vieilles trop crédules en se faisant passer pour des agents d'assurance... Mais à qui la faute ? Esther Rosenbaum a l'air si confiante, si rassurée par ma présence que je n'ose lui avouer que je classe des dossiers, qu'il y a seulement un mois, je ratais mon brevet et que Schéhérazade n'est que la fille de la femme de ménage.

Mais après tout, c'est sans doute elle qui a raison : je n'ai rien d'autre à faire, et puis un mensonge ne coûte rien. Si ça peut rassurer la vieille dame... On appelle ça une B.A. chez les scouts.

Le plus agaçant, c'est que je n'arrive même pas à en vouloir à Schéhérazade de m'avoir embarqué dans cette histoire. Vous voulez savoir pourquoi ? Mme Rosenbaum ressemble un peu à ma grand-mère. Je vais la voir, certains dimanches, dans la maison de retraite de Nogent. Pas très souvent, en fait, parce que ça me donne le cafard, tous ces vieux installés dans un bout de jardin et qui attendent les visites en chaussons et robe de chambre... En raccompagnant Mme Rosenbaum, j'ai l'impression que c'est un peu à elle que je rends service.

– Rue des Lilas, dit Mme Rosenbaum. Voilà, c'est ici.

Je ne sais pas pourquoi, je me suis imaginé une rue coquette, des pavillons soignés et bien entretenus. A la place, on vient de déboucher dans une large artère venteuse, pleine de grues, de terrains vagues et de carcasses d'immeubles en construction.

– Si vous aviez connu ce quartier autrefois, murmure la vieille dame, devinant ma surprise. Du temps de mon mari, il y avait des commerces, des cafés, tout le monde se connaissait. Ils ont tout éventré pour construire leurs H.L.M. Maintenant, pour acheter du pain, il n'y a plus que le supermarché de la cité.

Là, coincée entre deux chantiers, voilà sa maison : un petit pavillon à l'ancienne, deux étages, façade étroite et toute noircie, une verrière au-dessus de la porte, le tout coiffé d'un toit en accent circonflexe comme un mot difficile dans une dictée d'examen. Villa Mon Rêve. Un drôle de nom.

– C'est la dernière maison du quartier encore debout, dit-elle avec fierté.

Sur le portail rouillé, une chaîne, un gros cadenas qu'elle déverrouille avec difficulté.

– Avec ces coups de téléphone, explique-t-elle, je dois prendre mes précautions.

Elle me précède dans un minuscule jardinet. Sur le perron, je manque de marcher dans des gamelles au contenu indéfinissable, chassant une poignée de chats qui terminent leur repas.

– Minou! minou! murmure-t-elle. N'ayez pas peur, mes chéris. C'est un ami.

Puis, se tournant vers moi:

– Il faut bien que quelqu'un les nourrisse, n'est-ce pas? Avec tous ces travaux, ils n'ont plus qu'ici où aller.

J'ai le cœur serré. Cette maison lugubre, ces chats, ce quartier dévasté... Je pense à ma grand-mère, toute seule à Nogent. Au moins, elle a les autres pensionnaires, les aides-soignantes. Ici, même les fleurs sombres du papier peint, les fauteuils

sous les housses, les tableaux noirâtres sentent la solitude et la mort.

– Vous voilà chez vous, je dis, maîtrisant mon émotion. Voulez-vous que je fasse un tour en haut pour vérifier qu'il n'y a personne ?

Elle s'est assise dans le salon, le sac sur les genoux, n'osant encore enlever son manteau trop épais.

– S'il vous plaît... Je serais plus rassurée.

Je monte l'escalier à pas lents. Un vieux tapis couvre les marches, étouffant les pas. Le sang cogne dans mes tempes, inexplicablement. Est-ce la puissante odeur de poussière qui saisit à la gorge ? Je n'ai pas peur. Seulement un cafard de tous les diables, l'impression d'être un intrus dans ces pièces trop petites, encombrées de meubles trop gros, de bibelots sans valeur et de napperons jaunis par l'humidité. Quand j'entre dans la chambre, une latte disjointe du parquet fait bâiller bruyamment la porte d'une armoire.

Je redescends les marches quatre à quatre, incapable de poursuivre l'inspection plus avant.

– Personne, je lâche. Tout va bien. Je vais rentrer maintenant.

– Déjà ? s'étonne-t-elle, l'air déçu. Vous ne voulez pas boire quelque chose d'abord ? Manger des gâteaux secs ?

Je mime la désinvolture :

– Jamais pendant le service. Et puis, vous ne risquez plus rien...

Elle hoche la tête, fixant sans rien dire le téléphone posé sur le buffet. Un gros appareil en bakélite noire, genre ancien modèle qui vous vrille les oreilles à chaque sonnerie.

– Et s'il appelle ? demande-t-elle enfin.

– Il n'appellera plus, je la rassure. Un désœuvré, un maniaque de la blague, voilà tout. Il m'aura vu rentrer avec vous. Il sait que vous êtes protégée maintenant. Il cherchera une autre victime.

Je dis la première chose qui me passe par la tête. Je n'ai qu'une envie : quitter cette maison au plus vite.

– Mais s'il appelle quand même ? répète-t-elle, pas très convaincue par mon numéro.

Je sors un ticket de bus, griffonne mon nom au dos, le numéro de téléphone de l'agence.

– Vous pouvez me joindre là toute la journée... Maintenant, il faut vraiment que je m'en aille. Mon patron déteste les retards.

– Bien sûr, dit-elle, bien sûr... Vous avez déjà fait plus que vous ne deviez.

Elle dit ça avec un drôle d'accent dans la voix, une sorte de résignation. « J'ai bien compris, dit cet accent. Tu te défiles toi aussi. »

J'ai honte de le dire, mais c'est très exactement ce que je suis en train de faire. Après tout, je ne suis pas détective, je veux dire : pas un vrai détective. Des petits larcins, oui, des énigmes à résoudre, des filatures ; mais la détresse d'une très vieille dame, c'est trop pour mes frêles épaules. Je décampe sans demander mon reste.

UN LÂCHE, MATT, VOILÀ CE QUE TU ES : UN LÂCHE DOUBLÉ D'UN MENTEUR. TE FAIRE PASSER POUR UN DÉTECTIVE, D'ABORD, L'AS DES AS, ABUSER une vieille dame sans défense, puis l'abandonner à son sort dans cette baraque croulante... Bien joué, Matt. Schéhérazade peut être fière de toi !

Passé le portail, je me retourne. Derrière la haie de lauriers poussiéreux, je jette un dernier coup d'œil à la Villa Mon Rêve. Le petit jardin minable. Les écuelles sur le perron. La pierre grêlée de la façade. Un cauchemar debout en plein soleil, dressé parmi les terrains vagues, les chantiers labourés comme une dernière ruine dans un paysage bombardé.

Derrière le carreau de la cuisine, un rideau a bougé. Elle m'a regardé partir, embusquée à sa fenêtre. Je m'éloigne comme un voleur.

A l'arrière de la maison, sur la colline rasée, des engins de chantier attendent, immobiles. Des bulls, un camion-benne, une grue à demi démontée. Je ne m'étais pas aperçu en arrivant combien la cité nouvelle était proche : deux barres d'immeubles, une troisième en construction, un millefeuille de béton gris hérissé de poutrelles métalliques. Une zone de grands ensembles, comme on dit, cernant la Villa Mon Rêve et prête à l'engloutir.

Je rôde un peu dans le quartier, ruminant des idées noires. « Allons, Matt, tu te fais du cinéma pour rien. Esther Rosenbaum n'est qu'une vieille femme un peu fêlée. Qui pourrait avoir intérêt à la terroriser, elle et ses chats ? Si encore elle était riche... Mais les malfrats ont autre chose à faire que de s'en prendre aux petites gens. »

D'ailleurs, toute cette histoire ne me regarde pas. Je ne suis qu'un employé, à peine un garçon de bureau. C'est Victor Pertinax le patron : si ces menaces avaient eu un soupçon de réalité, il aurait envoyé Koval ou Ferreira.

Et pourtant... Une idée me tarabuste depuis tout à l'heure. Bien sûr, il y a cette ressemblance avec ma grand-mère. J'ai toujours été un grand sentimental. Mais ce n'est pas tout. Un soupçon désagréable que je tourne et retourne et qui m'empêche d'avoir la conscience tout à fait tranquille : et si la florissante Agence Pertinax se désintéressait d'une cliente comme elle, simplement parce qu'elle est pauvre ? Parce qu'un mari cocu allonge plus facilement les billets de cent francs qu'une vieille menacée d'être avalée par une barre de H.L.M. ?

Perdu dans mes pensées, je me suis aventuré jusqu'au pied

des immeubles. Un grand parking sans ombre. Un supermarché Auchan. Un bureau de tabac aux vitrines grillagées. Du linge pendu aux fenêtres. Je connais ça par cœur. Toutes les cités se ressemblent. Quelque part, un poste braille le générique d'un jeu télévisé.

– On se promène, mec ?

Je sursaute. Je ne les ai pas vus sortir de la cage d'escalier. Cinq ou six, Nike-Air délacées, la visière sur l'oreille, qui m'entourent en ricanant, jouant négligemment avec des battes de base-ball.

– Tu cherches quelqu'un, mec ? Ta poule ? Une voiture à casser ?

Celui qui parle est un malabar aux bras comme des jambons. Il porte un tee-shirt Euro-Disney, un jean qui lui tombe sur les fesses. Instinctivement, je pivote d'un cran. On ne sait jamais : toujours être dos au soleil quand une baston se prépare. Pour tout vous dire, je n'en mène pas large.

– Je me balade, je dis.

– Ça fait un moment qu'on te regarde rôder dans la cité, mec. Y a rien pour toi ici. Je sais pas si t'as idée, mais t'es sur notre territoire.

– Même qu'on va te faire ta fête, rigole un petit vicieux à la mine en coin.

Je sens mes jambes se liquéfier, ma bouche soudain sèche. Surtout ne pas montrer que je crève de trouille. Je connais ce genre de types : il y en a des dizaines chez moi, dans la cité. Pas des méchants, des copains pour la plupart, des gars comme vous et moi, juste un peu chatouilleux question territoire.

– Je me suis perdu, j'explique. Je ne cherche pas le pétard.

– On t'a vu, tu traînais près de chez la vieille aux chats. Est-ce que t'aurais pas dans la tête de lui tirer son sac à main, par hasard ?

Le malabar a posé sa batte sur mon épaule, comme ça, mine de rien. Je l'enlève le plus délicatement que je peux, mesurant la distance qui me sépare de la rue tout en expliquant très vite :

– Je suis un ami. En fait, je la raccompagnais chez elle.

Le petit vicieux glousse doucement.

– Parce que la vieille, faut pas y toucher, compris ? reprend le malabar. Sinon, c'est à nous que t'auras affaire.

– Justement, je dis, vous pouvez peut-être m'aider.

– Ça m'étonnerait, mec. On n'aime pas les types qui rôdent par ici, nous. Pas vrai les gars ?

Cette fois, je me jette à l'eau.

– Elle s'appelle Esther Rosenbaum. Elle est venue cet après-midi à l'agence où je travaille pour demander de l'aide : des coups de téléphone qu'elle reçoit, la nuit, des gens qui marchent dans son jardin... Elle avait peur de rentrer toute seule. Je l'ai raccompagnée.

Le malabar me regarde en coin, l'œil méfiant.

– Tu serais pas un genre de flic ? Parce qu'on n'aime pas les flics non plus.

Les autres murmurent bruyamment. Les battes deviennent nerveuses, je le sens. J'ai une espèce d'instinct pour ça.

– Je travaille dans une agence de protection, je dis. Des privés.

– La vieille, faut pas y toucher, répète le chef. Quand Rachid et Pinpon ont eu des ennuis, c'est elle qui les a planqués. Une histoire avec le gardien, ce gros lard de Desotto... Paraît qu'ils avaient mis le feu aux poubelles avec leurs clopes ou je ne sais quoi. La vieille, elle lui a dit que s'il laissait pas Rachid et Pinpon tranquilles, elle lui ferait la peau. Pas vrai, Pinpon ?

Le petit vicieux pousse une sorte de braiment, hochant la tête et roulant des yeux ravis.

– Sûr, il fait. La peau de ce gros porc de Desotto.

– Il y a ce malade qui lui téléphone dix fois par nuit, je reprends. Elle m'a engagé pour l'aider.

Le malabar fronce ses gros sourcils. La peau de son crâne forme des bourrelets tellement il réfléchit. Puis, lentement, il rengaine sa batte.

– O.K., il dit en me tendant une large pogne. Moi, c'est Mickey. Excuse pour tout à l'heure, mais je pouvais pas savoir. T'es pas épais pour un garde du corps.

– Je m'appelle Matt, dis-je en poussant un soupir de soulagement.

Il me présente toute la bande : Pinpon, Rachid, Farouk, un grand maigre du nom de Stef, Jacopo, un minot de dix ans aux dents tout écartées.

– Les types qui agressent les vieilles, moi j'ai jamais pu supporter, dit Mickey en sortant une cigarette.

– Elle a des ennemis dans le quartier ? je demande.

– Tu rigoles ? Tout le monde l'aime, la vieille. Mamie qu'on l'appelle.

– Et ce Desotto ?

– C'est le gardien de la barre B. Un dangereux, celui-là. Des fois, on se réunit dans les caves, il descend pour nous virer avec un fusil à pompe. L'a fait l'armée, qu'il paraît.

– Et l'histoire avec Rachid et Pinpon, c'était quand ?

– Bah ! Deux, trois mois, à peu près. Ouais, deux mois : je me souviens parce que c'était juste au moment où ma sœur a eu son môme.

– Deux mois, je répète, réfléchissant à haute voix. Ça colle… Et si c'était Desotto, les coups de téléphone ? Juste pour se venger de la vieille ?

– M'étonnerait, ricane Rachid. Desotto, ça serait plutôt le genre à tuer ses chats ou à lui balancer une grenade dans le jardin.

Est-ce qu'on sait ce qui passe par la tête des gens ? Furieux de voir son prestige de gardien contesté par une mamie, l'ancien militaire s'acharne à la faire tourner chèvre à coups d'appels anonymes… L'hypothèse mérite quand même d'être étudiée.

– En tout cas, t'inquiète, dit le malabar en me posant sa grosse paluche sur l'épaule. On fera le guet. Que l'autre essaie de sonner encore la nuit chez la vieille et on lui fera sa fête.

– Merci, les gars, je dis. Si vous voyez quelque chose, vous pouvez m'appeler à ce numéro.

Je donne au malabar le téléphone de l'agence, puis j'y ajoute le mien, à la maison. On ne sait jamais.

On se claque les pognes comme si on était de vieux potes.

– Si t'as besoin de quelque chose, me crie le gros au moment où je m'éloigne, n'oublie pas : demande Mickey ! Tout le monde me connaît sur la barre !

Vu la taille des biscoteaux qu'il agite, je comprends sans peine pourquoi... Un dernier salut et je m'éloigne, regonflé à bloc : j'ai un suspect, une idée claire des lieux, des alliés dans la place.

Soudain, la Villa Mon Rêve ne me paraît plus si isolée. Esther Rosenbaum peut dormir sur ses deux oreilles. Les gars de la barre veillent sur elle.

J'ai hâte de retrouver Schéhérazade pour lui raconter tout ça.

CHAPITRE SEPT

– ALORS, RIEN DE GRAVE? M'ACCUEILLE CLARA. JE SUIS EN RETARD, NATURELLEMENT.

Elle est déjà au travail, pas de Schéhérazade, et les grognements sourds qui fusent du bureau du patron ne laissent aucun doute sur ses bonnes dispositions.

– La petite du quatrième, continue Clara sans lever les yeux de son écran, Schéhérazade : elle nous a dit pour ta mère.

– Pour ma mère ? Oh oui, bien sûr... Non, non, rien de grave. Juste une fausse alerte, je lance, pressé de me réfugier dans mon placard pour éviter toute explication supplémentaire.

Précieuse Schéhérazade ! Je ne sais quel bobard elle a pu inventer pour me couvrir, mais c'est passé comme une lettre à la poste. Je suis déçu de ne pas la trouver. J'avais tellement de choses à lui raconter ! Quand pourrai-je la revoir ?

Clara, à l'instant où je m'échappe :

– A propos, la prochaine fois que tu devras rentrer chez toi pour une urgence, n'oublie pas ton Solex, détective !

Je dois devenir écarlate mais elle a déjà replongé derrière l'écran de son Mac, ses petites lunettes de secrétaire modèle en équilibre sur le nez.

Tout lui dire ? Une seconde, je suis démangé par l'envie de lui faire des aveux complets. Seul m'arrête le souvenir de Schéhérazade. Je me connais : un petit nez pointu de femme, un sourire enjôleur, et je suis prêt à trahir tous les secrets qu'on voudra. Vite, disparaître sous les dossiers, trier, classer, déchirer avant que la tentation ne soit trop forte !

L'après-midi passe comme une flèche. Vers dix-sept heures, Ferreira fait un saut à l'agence. Il a filé toute la journée une kleptomane dans les grands magasins, l'a perdue au rayon des soutiens-gorge. Imaginer son pif écrasé et ses poches sous les yeux au rayon des sous-vêtements féminins vaut son pesant de cacahouètes...

– Je n'allais tout de même pas la suivre dans la cabine d'essayage ! maugrée-t-il en massant ses orteils douloureux.

– Pauvre Ferreira, s'amuse Clara. Votre délicatesse vous perdra.

J'interviens, détaché, l'air d'alimenter une saine curiosité :

– Détective, ça ne doit pas être facile tous les jours...

– Tu crois pas si bien dire, p'tit. J'en ai vu, en trente ans de carrière... Des planques sous la pluie, des tordus, des jaloux, des visqueux qui vous glissent entre les doigts comme des anguilles... J'ai même filé un marathonien, un champion de France que sa femme soupçonnait de rejoindre une maîtresse quand il partait faire son footing... Quarante bornes à pied, chaque matin pendant un mois ! On a beau être sportif, ça vous lessive un homme.

Je continue, hypocrite :

– Et des énigmes ? Fortiche comme vous êtes, vous avez dû en résoudre des tonnes.

Il se rengorge, casse la pointe d'une allumette et se cure les dents avant d'acquiescer :

– On peut dire ça, p'tit. Sans me vanter, on peut dire ça.

– Je vous admire... Certaines affaires doivent être sacrément compliquées... Moi, je ne saurais pas par où commencer.

Il lève son énorme index :

– Toujours chercher d'abord à qui profite le crime, p'tit. Règle numéro 1. Le mobile. Il en a de bonnes, Ferreira, avec son mobile. Ça ne marche que dans les affaires de meurtre : quelqu'un est tué et on cherche du côté des héritiers. Mais pour Esther Rosenbaum ? Là, pas de meurtre, pas d'argent, pas de famille, juste une minable bicoque et une vieille terrorisée par des appels téléphoniques... Dans quel but? L'intérêt? La vengeance?

– Est-ce que vous croyez que je paie des charges sociales pour vous permettre de bavarder en buvant du café? beugle M. Pertinax depuis son bureau. Ferreira, au rapport!

Je disparais dans mon cagibi pas plus avancé qu'avant. Difficile de toute manière de pousser l'interrogatoire. Je ne ferais qu'éveiller ses soupçons et ceux de Clara.

Pour l'instant, je n'ai guère que la piste Desotto à me mettre sous la dent. C'est maigre, mais c'est déjà un commencement.

Le lendemain est un samedi. L'agence est fermée. Deux jours sans dossiers, mais aussi deux jours sans Schéhérazade.

– Si on allait voir mémé à Nogent? je propose le dimanche matin.

Ma mère n'en revient pas: d'habitude, elle doit faire le forcing pour m'entraîner là-bas.

On achète une boîte de pâtes de fruit, son magazine de romans-photos préféré. Mémé ne sait pas lire, elle regarde les images et les patrons de couture. On arrive juste après le déjeuner: elle nous attend dans l'entrée, prête à sortir, avec sur le visage cet air de reproche qu'elle a toujours quand on vient. C'est sa manière à elle de cacher qu'elle est contente. Elle s'est même fait un rinçage en l'honneur de notre visite et ses cheveux blancs, dans le soleil de cet après-midi d'été, ont des reflets un peu violets.

On se promène le long de la Marne en regardant les maisons en construction, les barques à l'amarre, les familles qui pique-niquent sur les berges. Elle marche à petits pas, un bras passé sous celui de ma mère. Je la fais parler d'autrefois, de la vie avec pépé, de la guerre. C'est drôle : avant, ces histoires m'ennuyaient. « Ça y est, je me disais, mémé recommence. » J'écoutais d'une seule oreille en jetant des cailloux dans l'eau.

– Et Bernard ? demande mémé.

Bernard, c'est mon frère aîné. Il a dix-neuf ans, une petite amie et ne vient jamais à Nogent.

– Oh ! tu sais, ment ma mère, il a beaucoup de travail au garage. Il t'envoie de gros baisers.

Le soir tombe doucement. On la ramène à la maison de retraite. Après le dîner, servi à six heures, elle ira s'installer

avec un ouvrage dans le salon de télé. On s'embrasse, on promet de revenir, puis on rentre, ma mère et moi, un peu tristes, je ne sais pourquoi. Une semaine, c'est pas bien long, et puis notre appartement est trop petit pour une personne de plus. Je pense à Esther Rosenbaum, toute seule à la Villa Mon Rêve.

– Il ne fait pas bon vieillir, dis-je à ma mère.

– Qu'est-ce qui t'arrive, mon Matthieu ? elle me demande. Est-ce que tu deviendrais adulte par hasard ?

Le lundi, il y a un message pour moi à l'agence.

– Une petite vieille qui n'a pas laissé son nom, transmet Clara. Elle paraissait très inquiète. « Dites à Matt qu'il a recommencé. » C'est tout ce qu'elle a voulu me dire.

– C'est ma grand-mère, j'invente. Une histoire avec un autre pensionnaire à la maison de retraite...

Je fonce aux archives pour réfléchir. Ça m'a tout l'air d'un appel de détresse. Je me sens impuissant, paralysé de trouille et d'incertitude. Nul, en un mot, si vous voyez ce que je veux dire.

Heureusement, l'heure du déjeuner arrive vite. A peine Clara a-t-elle quitté l'agence qu'on gratte à la porte. J'ouvre. C'est Schéhérazade.

– Salut, elle me dit. Je ne te dérange pas ?

Elle est encore plus jolie que dans mon souvenir. Elle porte un bermuda en jean tout effrangé, les cheveux roulés en torsades sur l'épaule. Je lui raconte mon expédition à la Villa

Mon Rêve, les gars de la cité, l'appel de ce matin. Elle écoute avec gravité, tortillant son chouchou. Sous la frange épaisse des cils, ses yeux brillent comme ceux d'un chat.

– Il faut retourner là-bas, dit-elle quand je termine.

– Maintenant ?

– Maintenant... Tu as déjeuné ?

Je montre le sandwich entamé sur la table.

– Je t'ai apporté un dessert. Des cornes de gazelle. C'est ma mère qui les a faites.

Elle déballe quelque chose, enveloppé dans une serviette en papier : des pâtisseries coniques, incroyablement douces et sucrées, qui fondent sous le palais comme un rayon de miel.

– A propos, je dis, la bouche pleine et débordant de reconnaissance, merci pour l'autre jour. Sans toi, je ne sais pas ce que j'aurais raconté.

– Bah ! fait-elle en haussant les épaules, aucun problème : je mens comme je respire... Maintenant, si tu as fini de te gaver, on peut partir.

Je m'étrangle à moitié. Décidément, cette fille me tue : un coup elle ronronne, un coup elle griffe... Comment peut-on avoir d'aussi jolis genoux et un tel caractère ?

Les mains poisseuses de miel, je claque la porte de l'agence et me jette à sa suite dans les escaliers.

CHAPITRE HUIT

DANS LA RUE, LES GENS SE RETOURNENT SUR NOTRE PASSAGE. ENFIN, SUR LE SIEN… ELLE MARCHE À GRANDES ENJAMBÉES, sans un regard pour les garçons qui la sifflent. Faites l'expérience, un jour : essayez de descendre le boulevard Lénine à côté d'une fille telle que Schéhérazade. D'abord, on se sent gonflé à l'hélium, un vrai Schwartzenegger. Tout le monde vous envie, se demande ce qu'une fille pareille peut bien faire avec un type comme vous. Ça amuse, au début. Mais peu à peu, la vanité en prend un coup, on se ratatine à vue d'œil, on finit flasque et dégonflé comme un bulldog au bout d'une laisse.

Est-ce le soleil ? La marche forcée ? Au fur et à mesure qu'on approche, j'ai le cœur qui bat à cent à l'heure.

– C'est là, je dis, montrant le chantier ouvert comme un cratère, le pavillon d'Esther Rosenbaum dressé au milieu des grues immobiles, les deux barres d'immeubles fermant le paysage. Drôle d'endroit où habiter, tu ne trouves pas ?

– Ils en construisent un troisième, murmure Schéhérazade, les yeux plissés par la concentration.

Un tronçon d'immeuble a déjà poussé à deux cents mètres à peine du jardin d'Esther Rosenbaum. Une fosse, l'armature de béton des premiers étages, comme sectionnée net par un tremblement de terre. Autour, des bulls, des pelleteuses à l'abandon. C'est tout le chantier qui paraît déserté, pétrifié sous le soleil de plomb.

– C'est l'heure du déjeuner, je dis en consultant ma montre. Les ouvriers doivent casser la croûte quelque part... On ferait bien de se dépêcher si je ne veux pas être en retard à l'agence.

– J'oubliais, ironise Schéhérazade. Si grand détective Matt pas à l'heure, patron gronder très fort, c'est ça ?

– Rigole, je dis. Je travaille, moi.

Je sonne à la grille de la Villa Mon Rêve. Depuis ma dernière visite, le portail a été obstrué jusqu'à mi-hauteur par une tôle ondulée. Le gros cadenas est toujours en place et, après un temps qui me paraît infini, un volet s'entrebâille à la fenêtre de la cuisine.

– C'est nous, madame Rosenbaum ! je crie. Matt et Schéhérazade, de l'Agence Pertinax !

– Schéhérazade et Matt, corrige cette dernière. La vieille est sourde comme un pot, mais ce n'est pas une raison pour manquer de courtoisie. Nous sommes associés, oui ou non ?

Elle commence à m'agacer prodigieusement. Elle se croit dans *Clair de lune* ou quoi ? Le temps de préparer une réplique cinglante, la porte de la villa s'entrouvre et Esther Rosenbaum apparaît sur le seuil, clignant des yeux dans la lumière trop blanche.

– Ah ! c'est vous, c'est vous ! répète-t-elle en nous reconnaissant.

Je l'aide à manœuvrer le lourd portail. Elle paraît plus faible encore que la dernière fois et accepte le bras que lui tend Schéhérazade.

– Nous sommes venus aussi vite que nous avons pu, dis-je. Il est arrivé quelque chose de nouveau ?

– Mes chats... bredouille-t-elle, le menton soudain tremblant. Mes pauvres chats...

– Allons, la rassure Schéhérazade, ils vont revenir, vos chats.

Le regard qu'elle me lance en dit long : cette fois, Esther Rosenbaum a définitivement perdu la boule.

– Mais non, vous ne comprenez pas. L'homme du téléphone : il est venu cette nuit et il a tué mes chats !

– Entrons, dit Schéhérazade en la guidant doucement à l'intérieur. Asseyons-nous et vous allez nous raconter tout ça.

Heureusement qu'elle est là, prévenante et affectueuse. Le désarroi de la vieille dame me paralyse. Je me sens inutile, embarrassé de mon propre corps, incapable de trouver les gestes qu'il faut. Même le petit salon obscur où nous entrons m'intimide. Les meubles chargés de bibelots, la grosse table d'acajou, les fauteuils garnis de housses : tout est trop lourd, trop volumineux, comme des visiteurs silencieux dans une chambre de malade.

Sur la commode, un bouquet de violettes encore emballé dans du papier journal. Un filet à provisions qu'elle n'a pas vidé : deux oranges, deux tomates, une petite boîte de soupe en sachet; le marché d'une petite vieille si seule qu'elle doit s'offrir elle-même des fleurs.

– Vous sentez-vous la force de nous raconter, maintenant ? interroge Schéhérazade en lui glissant un coussin sous la nuque.

– Oui, je crois... Ça va mieux, maintenant que vous êtes là... J'ai eu si peur, cette nuit ! Il était là, dans le jardin. J'entendais ses pas sur le gravier... D'abord, il a essayé d'ouvrir la porte d'entrée, mais j'avais tiré les verrous. Alors, il a fait le tour de la maison en raclant quelque chose sur le mur. Je ne sais pas ce que c'était, un objet en métal qu'il frottait contre la pierre. Mon dieu, le bruit atroce que ça faisait ! J'ai cru devenir folle. Mes mains tremblaient si fort que je n'arrivais pas à former le numéro de police

secours sur le cadran… Par moments, le raclement s'arrêtait. Ça y est, me disais-je, il est parti… Cela durait quelques minutes, plus peut-être… J'avais complètement perdu la notion du temps… Puis j'entendais qu'on grattait au volet, et l'affreux bruit recommençait…

– Vous ne craignez rien, ici, je remarque en examinant les barres qui bloquent le volet du salon. Personne ne peut entrer.

– Il ne cherchait pas à entrer, intervient Schéhérazade. Il s'y serait pris autrement.

Esther Rosenbaum approuve :

– C'est aussi ce que j'ai pensé. Il voulait juste me terroriser. Et il a réussi, croyez-moi ! Je n'ai plus fermé l'œil de la nuit.

– A quelle heure est-il parti ?

– Il devait être deux heures, deux heures trente… (Son visage se fait soudain suppliant.) Vous allez le trouver, n'est-ce pas ? L'empêcher de me persécuter ?

– Bien sûr, dit Schéhérazade. L'enquête avance, rassurez-vous. Vous ne tarderez pas à en être débarrassée.

Ce qui est bien le mensonge le plus éhonté que j'aie entendu de toute ma vie. Mais il semble faire du bien à Esther Rosenbaum. Ses joues se colorent un peu tandis qu'elle commence la deuxième partie de son récit.

– Dieu vous entende, mon enfant, Dieu vous entende !

Son menton se met à trembler et une larme roule le long de sa joue sèche.

– Malheureusement, ce n'est pas ça qui me rendra mes chats... Les pauvres petits... Ils étaient toujours deux ou trois à traîner par ici. Depuis la construction de la cité, ils n'avaient plus personne pour les nourrir. Alors, le soir, je leur ouvrais quelques boîtes, sous le porche, je leur achetais du mou, des abats. Ils venaient quand ils voulaient, ils savaient qu'ils trouveraient toujours ici quelque chose à manger.

Elle tire de sa manche un mouchoir roulé en boule, se mouche bruyamment avant de poursuivre :

– Je les ai trouvés ce matin... Le rouquin et le noiraud, tout raides dans une flaque de vomi... Les deux plus voraces de la bande... C'est ce qui les a tués, sans doute... Par chance, les autres n'ont pas touché à la nourriture. Les chats ont une sorte d'instinct pour ça.

– Etes-vous certaine que c'est lui ? interroge Schéhérazade. Pourquoi s'en prendre à des chats sans défense ?

Elle connaît aussi bien quc moi la réponse à sa question : intimidation. D'abord les coups de fil anonymes, les visites nocturnes. Mais l'inconnu a négligé un minuscule détail : l'entêtement d'Esther Rosenbaum, sa résistance désespérée. Alors les menaces se font de plus en plus précises. Le message est clair : pas besoin d'avoir son brevet des collèges pour comprendre qu'après les chats, ce sera le tour de la vieille.

– Il faut porter plainte, continue Schéhérazade. Il doit bien y avoir des lois contre les tueurs de chats !

Esther Rosenbaum hausse les épaules avec fatalisme.

– Des chats errants qui n'étaient à personne... La fourrière en capture des dizaines chaque jour. La police a bien d'autres choses plus urgentes à faire dans le quartier qu'à s'intéresser à la mort de deux matous de gouttière.

« Et à une vieille dame en chaussons de feutre », je pense, la gorge serrée.

– Ecoutez, il faut que nous retournions à l'agence. Une chose est sûre, vous ne risquez rien dans la journée. Fermez soigneusement derrière nous et, pour le reste, ayez confiance. Nous prenons l'affaire en main.

– Matt a raison, dit Schéhérazade. Je vous promets que l'assassin ne l'emportera pas au paradis ! Voulez-vous que je mette les violettes dans un vase avant de partir ?

– Oh ! dans la journée, je n'ai pas peur. Mais cette nuit... Qu'arrivera-t-il cette nuit ?

Je prends sa main dans la mienne, la serre doucement pour la rassurer.

– Ne craignez rien, dis-je, il n'arrivera rien cette nuit. J'ai un plan.

Cette fois, c'est au tour de Schéhérazade de me regarder avec surprise. A mon avis, je viens de gagner vingt bonnes places dans son Top 50 personnel.

CHAPITRE NEUF

– AS-TU BIEN PRIS TA BROSSE À DENTS ? DES CHAUSSETTES DE RECHANGE ? S'INQUIÈTE MA MÈRE.

Elle m'observe depuis la cuisine, résistant à l'envie d'aller fourrer son nez dans le sac que je prépare.

– C'est juste pour une nuit, m'man. Je t'appellerai demain de l'agence.

Ma mère gobe toutes mes salades. Cette fois, je lui ai raconté que j'allais dormir chez mon copain Mario. Elle m'a cru si facilement que j'ai honte de lui mentir. Elle me repasse un jean, une chemise propre, bourre mon sac de linge comme si je partais pour une expédition polaire, déjà folle d'inquiétude qu'il me manque quelque chose. Ma mère est toujours inquiète. C'est peut-être pour ça que mon père est parti. Il ne supportait plus qu'elle ameute tout le quartier parce qu'il s'était attardé au bistrot en sortant du boulot, qu'elle le croie mort juste parce qu'il s'était arrêté pour faire son tiercé ou regarder les joueurs de boules sur la place.

Maintenant que mon frère a pris son garage, on habite seuls tous les deux. L'appartement est si petit que son angoisse y occupe toute la place. L'angoisse d'un accident, des fins de mois, l'angoisse du propriétaire, du regard des voisins, l'angoisse que je rate mes études et que je tourne mal...

Un mètre soixante d'angoisse, voilà ma mère. C'est pas bien grand quand on a encore un fils à nourrir, plus de mari et un emploi précaire à l'atelier de couture. Alors, forcément, ça donne des responsabilités, ça mûrit, on se tient à carreau plus qu'on aurait envie, on évite les embrouilles, les disputes, même si c'est pas facile tous les jours d'avoir une mère qui tremble dès qu'on franchit la porte.

Tenez, mon casque par exemple. Ma mère veut que je mette un casque pour rouler à Solex. Elle dit que c'est la loi, qu'elle ne vit pas de me savoir sur les routes sans rien, avec tous ces chauffards et la circulation. Je dis oui pour lui faire plaisir, je l'emporte sous le bras et j'attends d'avoir quitté la cité, que plus personne ne me voie pour le mettre. Qu'est-ce que ça me coûte, à moi ?

– Tu aurais pu ranger ta chambre, me dit-elle. Et tes chaussures de foot, qu'est-ce qu'elles font toutes crottées dans la baignoire ? C'est bien la peine que je me décarcasse à mettre de l'ordre.

Je finis mon sac sans répondre. J'ai l'habitude. Son inquiétude tourne aux reproches.

– C'est juste une nuit, m'man, je répète. Je rangerai demain.

Tu devrais être contente : tu pourras regarder tes variétés nulles à la télé sans personne pour te faire changer de chaîne.

Il faut que je m'en aille au plus vite, avant que les remords ne soient trop forts. Est-ce qu'elle le fait exprès ? Chaque fois que je lui raconte une histoire, elle s'arrange pour me culpabiliser à mort. Résultat, la porte claquée, j'ai une grosse boule dans la gorge, l'impression d'avoir trahi sa confiance pour un moment de liberté dont je n'ai plus envie.

Ma dernière remarque la fait rire.

– Idiot, va. Allez, file vite et amuse-toi. Tu seras prudent sur la route, n'est-ce pas ? Et ne te couche pas trop tard. Tu travailles, maintenant, c'est sérieux.

J'attrape mon casque, mon sac à dos, promets tout ce qu'elle veut distraitement. Bientôt dix-neuf heures trente, je ne suis pas en avance.

– Attends, dit-elle comme je l'embrasse. Prends ça, on ne sait jamais.

Elle a glissé quelque chose dans la poche de mon blouson et me met à la porte presque de force.

– File donc, idiot, tu vas être en retard.

Je dévale les escaliers de la tour sans même attendre l'ascenseur. Ce n'est qu'en bas que je fouille dans ma poche. J'y trouve un billet de deux cents francs, soigneusement plié en quatre comme s'il avait été repassé. Deux cents francs : ce qu'elle gagne en une journée de couture à la maison.

Pour un peu, je remonterais. Mais Esther Rosenbaum

m'attend, j'ai des engagements, une mission auprès de la vieille dame. J'enfourche mon Solex avec cette drôle de boule dans la gorge. Presque huit heures, il faut encore que je passe à la barre, plus le temps de m'attarder.

A regret, je mets les gaz. Pas facile d'être détective quand on a une mère comme ça...

Esther Rosenbaum m'attend, toute guillerette. Elle a fait quelques courses, sorti son plus joli service.

– Cela fait si longtemps que je n'ai plus reçu personne à dîner, dit-elle. J'espère que vous aimez les frites ? Il y a de la glace au dessert et des petits gâteaux secs.

Je n'ose pas lui dire que j'ai déjà mangé, la laisse me servir en protestant pour la forme.

Elle picore comme un oiseau, touchant à peine à son assiette, trop occupée à ce que je ne manque de rien. J'ai l'impression d'être quelqu'un de la famille, le petit-fils qu'elle n'a pas eu et qu'elle gâte à travers moi, me regardant m'empiffrer de frites avec un sourire de bonheur que je ne lui ai jamais connu encore.

Elle me raconte sa vie, autrefois, dans le quartier, son mari imprimeur, la guerre qui a décimé sa famille. A la Libération, Maurice, son mari, est revenu des camps. Il a repris sa petite imprimerie, fabriquant des faire-part de naissance, des menus de mariage, des cartes de visite. Avec leurs économies, ils ont acheté ce pavillon modeste, le rêve de toute leur vie.

Elle prend sur le buffet la photo d'un homme dans un cadre d'argent terni. Costume noir, un visage tout en os aux yeux profonds et tristes.

– Les camps l'avaient beaucoup affaibli, explique-t-elle en frottant le verre du cadre dans un pan de son tablier. Si vous l'aviez connu à vingt ans ! Incapable de rester en place, débordant de projets, le meilleur danseur du quartier...

Elle se tait un instant, perdue dans ses souvenirs. A nouveau, je pense à ma grand-mère, à cet âge où l'on voit disparaître ceux qu'on aime. Au moins, ma grand-mère nous a, nous. « Comme ce doit être triste, je me dis, de finir son existence sans personne. De voir jour après jour disparaître le monde qui a été le sien, son petit pavillon grignoté par une cité moderne... »

Mais Esther Rosenbaum ne se plaint pas. Bien sûr, il y a son cœur fatigué, ses yeux qui ne voient plus comme autrefois, cette retraite minuscule qui lui permet à peine de vivoter.

– Est-ce que ce n'est pas merveilleux, à mon âge, d'avoir un jeune homme à dîner ? La vie nous fait sans cesse de ces petits cadeaux-là... Et puis, pourquoi regretter le passé ? J'entends tellement de gens de ma génération se plaindre de l'époque actuelle et ronchonner à tout propos. Moi, j'espère bien vivre suffisamment pour connaître l'an 2000 !

Elle apporte de la glace à la vanille dans des coupes décorées d'un oiseau.

– Un cadeau de mariage, me confie-t-elle avec fierté. Les deux dernières qui me restent.

Comme je me crois obligé de les admirer :

– Moi je les trouvais hideuses, au début. Et puis, avec le temps, je m'y suis habituée. Je ne les sors que dans les grandes occasions. Et aujourd'hui en est une, n'est-ce pas ?

Je n'ose pas lui poser les questions que j'ai préparées. Elle se fait une telle fête de ce dîner que j'aurais l'impression de tout briser.

– Encore un peu de glace ? Non, vraiment ? Je l'ai achetée pour vous. Je raffole des desserts, des sucreries, mais mon médecin me les interdit. Il paraît qu'à mon âge, ce n'est pas bon pour la santé. Mais s'il faut se priver de tout ce qui est bon pour mourir en bonne santé...

Elle m'interroge sur moi, sur Schéhérazade. Je reste dans le vague sur mes activités à l'agence, lui parle du reste, de ma troisième ratée, de mon frère Bernard, du divorce de mes parents, du club de foot. J'ai oublié le rôdeur, je ne suis plus Matt le pseudo-détective. Quand la pendule sonne dix heures tout à coup, je m'aperçois que je viens de raconter toute ma vie à une vieille dame inconnue.

– C'était vraiment délicieux, dis-je pour cacher ma gêne.

Elle rosit : il y a bien longtemps qu'on ne l'a pas complimentée sur ses talents de cuisinière.

– Tenez, c'était l'année dernière. Mon neveu Georges, le notaire. Un garçon si gentil, si serviable. Mais son étude le prend beaucoup, il n'a plus guère de temps à consacrer à sa vieille tante.

Après le dîner, je veux l'aider à faire la vaisselle.

– Ah ! non, alors ! Il ne manquerait plus que ça ! D'ailleurs, ce ne sera pas long. Installez-vous confortablement.

J'en profite pour cacher mon Solex dans l'appentis du jardin. Pas question d'alerter le rôdeur. Il doit penser que la vieille est seule, comme d'habitude. Dehors, il fait un beau soir d'été, lumineux et tiède. Je fais le tour de la maison, vérifie les volets un à un, le cadenas du portail. Sans la présence des grues, dressées dans le ciel assombri comme des oiseaux de mauvais augure, tout est paisible. On se croirait à la campagne, chez une grand-mère un peu gâteau. Une campagne minuscule, cernée par un chantier désert, avec au fond la cité des Lilas et ses barres géantes couchées sur la colline...

Un frisson me parcourt l'échine et je me hâte de rentrer. Sur le perron, quelque chose s'écrase sous ma semelle en crissant : une granule rouge, semblable à celle que le gardien, chez nous, répand le long des murs, dans les caves. De la mort-aux-rats. Un poison surpuissant. De quoi foudroyer instantanément deux chats trop voraces. Esther Rosenbaum avait raison : on a bien tué ses chats. Mais qui, « on », sinon celui qui a le plus de raisons d'en vouloir à la vieille femme ? Celui qui, justement, a accès par son métier à ce type de produit dangereux ?

– Desotto, le gardien de la cité des Lilas, dis-je en sortant un petit carnet pour faire pro. Parlez-moi de vos démêlés avec lui.

Nous sommes installés au salon, Esther Rosenbaum et moi. La nuit promet d'être longue et je suis bien décidé à la mettre à profit pour faire avancer notre enquête. Devant moi, une tisane achève d'infuser dans une tasse en Pyrex transparent. Je déteste la tisane et son odeur de maladie. Mais comment refuser quelque chose à la vieille dame ? Tout en l'interrogeant, j'observe ses doigts déformés par les rhumatismes, qui vont et viennent sur le canevas. Au fond, elle est comme ma mère : incapable de ne rien faire. Un individu rôde depuis des nuits dans son jardin et elle brode comme si de rien n'était. Décidément, son sang-froid m'épate.

– Desotto ? Oh, un pauvre bougre. Vous savez comment sont les jeunes : pas toujours très respectueux. Desotto s'était mis en tête de les corriger à propos d'une histoire sans importance. Je me suis interposée, voilà tout.

– Mais il vous a menacée, n'est-ce pas ?

– Des paroles en l'air, rien de plus. Un sanguin qui perd facilement le contrôle de ses nerfs.

– Le croyez-vous capable d'empoisonner des chats ?

– Franchement, je n'en sais rien. Il a un chien, un gros berger allemand. Je l'ai vu un jour l'exciter contre le noiraud, justement. Il prétendait que la pauvre bête vidait ses poubelles la nuit. De là à l'empoisonner sciemment...

Sur mon carnet, j'inscris un grand point d'interrogation

derrière le nom de Desotto. La colonne « suspects » est désespérément vide. J'aimerais que Schéhérazade soit là. Elle trouverait sans doute les bonnes questions à poser.

– Ecartons Desotto pour l'instant. Soupçonnez-vous quelqu'un parmi vos relations ?

J'ai l'impression de ne pas être crédible, de répéter des phrases entendues dans un film. Comment s'y prendrait Ferreira ?

Esther Rosenbaum hoche la tête lentement.

– Non, je ne vois pas. A mon âge, on n'a pas d'ennemis. Quant à avoir des relations... Je ne connais plus personne dans le quartier depuis qu'ils l'ont acheté, maison par maison, pour construire cette affreuse cité.

« Le mobile, a dit Ferreira. Toujours chercher à qui profite le crime. » Je me lance :

– Je suis peut-être indiscret, madame Rosenbaum, mais avez-vous fait un testament ? Qui héritera de votre pavillon quand... euh... quand vous...

– Quand je mourrai ? Personne. Je veux dire : personne en propre. J'ai fait don par testament de tous mes biens à une fondation de recherche contre le cancer.

Elle dresse l'oreille puis reprend son ouvrage, rassurée. Ce n'est qu'un camion qui passe dans la rue.

– Vous voyez, ma disparition prématurée n'intéresserait personne.

– Votre neveu, le notaire : si je comprends bien, c'est votre unique héritier. Est-il au courant de votre testament ?

– Naturellement, puisque c'est lui qui l'a établi.

Ce qui écarte le notaire. D'ailleurs, qui voudrait hériter d'une maison qui tombe en ruine et de quelques meubles poussiéreux ?

– Maintenant, conclut-elle en étouffant un bâillement discret, je crois que je vais monter me coucher. La nuit dernière a été épuisante. Je vais essayer de dormir un peu.

Onze heures trente déjà. Je n'ai pas vu le temps passer. Mon enquête n'a guère avancé mais la vieille dame semble rassurée par ma présence, c'est l'essentiel. Je l'escorte jusqu'à sa chambre, lui souhaite une bonne nuit et redescends pas très fiérot.

Jusqu'alors, l'inconnu s'est manifesté après minuit. Lâchement, j'en viens à souhaiter qu'il ne se passe rien. Tant pis pour mon dispositif. L'idée d'affronter un rôdeur me glace soudain les sangs. Je me hâte de vérifier une nouvelle fois portes et fenêtres, décroche le téléphone, allume la télé sans le son. C'est idiot, mais ça fait une compagnie.

J'entends Esther Rosenbaum qui trottine en haut un moment. Puis le silence tombe sur la maison.

Cette fois, fini de rire. La nuit d'angoisse peut commencer.

CHAPITRE DIX

QUE CEUX QUI N'ONT JAMAIS ÉTÉ GARDE DU CORPS POUR DE VRAI ÉVITENT DE RIGOLER.

On a beau avoir vu ça dans des milliers de films, je vous assure qu'on a de sacrés jetons.

Ça commence par un bruit de casserole en provenance du jardin, suivi d'un juron étouffé. J'ai dû m'endormir devant la télé. Je fais un bond au plafond, incapable de me rappeler où je suis. Bon sang ! Une heure du matin. Mon signal d'alarme a fonctionné ! Quelqu'un vient de franchir le portail de la villa.

D'autres bruits confus proviennent maintenant du jardin. Le cœur cognant dans la poitrine, je déverrouille silencieusement la porte d'entrée, me glisse sur le perron et braque vers le portail le faisceau surpuissant de ma lampe torche. Un pugilat se déroule sur le trottoir. Aveuglé par la lumière, le groupe se fige, papillonnant des paupières. Il y a là Mickey, Rachid, Pinpon, tous mes acolytes de la barre qui ceinturent quelqu'un à grand-peine.

– Lâchez-moi, bande de lâches !

Le temps d'intervenir, des coups volent. Pinpon s'écarte, le nez en sang, Mickey se frotte le tibia en gémissant, Rachid braille comme un putois.

– Mais elle est folle, celle-là ! Elle m'a pécho l'oreille avec ses dents !

– Arrêtez ! je lance. C'est Schéhérazade !

Imaginez l'apparition : Schéhérazade tout de noir vêtue, en caleçon moulant et baskets, qui cligne des yeux et cherche à reprendre son souffle.

– Qu'est-ce que c'est que ces malades ? grimace-t-elle en se massant les côtes.

Elle a perdu sa casquette dans la lutte et ses longs cheveux roulent en torsades lustrées sur son épaule. Les gars en ont le souffle coupé.

Je fais les présentations avant de m'étonner :

– Mais qu'est-ce que tu fais là ? Je croyais que tu ne pouvais pas sortir le soir ?

– Je me suis débrouillée, voilà tout, marmonne-t-elle. Et c'est pour me faire agresser par ces minables ! Merci bien pour l'accueil, Matt !

– Désolé, je dis. Tu n'étais pas prévue

au programme. Ils sont chargés de faire le guet autour de la maison.

– Canon, ta nana, grogne Mickey. Faudra que tu me dises où qu'elle a appris le karaté.

– D'abord, je ne suis pas sa nana, corrige Schéhérazade en renfilant sa casquette avec humeur.

– Ça va, je dis, ne traînons pas sur le trottoir. Reprenons nos places, d'accord ? L'incident est clos.

– Une minute, dit Schéhérazade en se tournant vers Pinpon. C'est toi que j'ai cogné sur le nez ?

– Plutôt, geint l'autre en reniflant. L'est à moitié cassé, c'est sûr.

Elle lui allonge alors une gifle à toute volée.

– Tiens, ça t'apprendra à profiter de la bagarre pour me peloter.

Pinpon en reste bouche bée. Cette fois, elle y est allée un peu fort, je me dis. Ça va dégénérer. Mais devant l'air ahuri de Pinpon, les deux autres se mettent à rigoler comme des tordus.

– Vraiment canon, ta nana, répète Mickey. A la place du type, j'préférerais tomber sur moi que sur elle, j'te l'dis !

J'interviens :

– Assez plaisanté. Au boulot, maintenant. Et plus de fausse alerte, compris ?

Il faut les mener un peu dur, les gars de la barre. La cervelle de Mickey doit peser moins lourd qu'un seul de ses gros orteils, et obéir lui donne l'illusion d'être intelligent.

– C'est toi le chef, dit-il. On est près de la cabane de chantier. Si j'vois quelque chose, je siffle.

Puis, rameutant Rachid et Pinpon, il disparaît dans la nuit.

Quand nous sommes seuls :

– Bravo pour le recrutement ! s'exclame Schéhérazade. Les lâches ! Tomber à trois sur une fille seule.

– Ils pouvaient pas savoir. Ils ne sont pas très futés, mais ce sont des braves types, je t'assure.

– J'arrive, toute contente de m'être échappée de chez moi, je commence à escalader le portail et voilà que je me prends les pieds dans cette espèce de truc...

– Mon signal d'alarme, j'explique. Des canettes vides de Coca reliées par une ficelle.

– Pas très malin. Que fera le rôdeur, à ton avis, en déclenchant tout ce raffut ?

– Si tu viens pour tout critiquer... je commence. Puis, me ravisant : après tout, tu as peut-être raison. Autant le laisser entrer dans le jardin. On aura plus de chances de l'attraper.

Le temps de désarmer mon piège et nous rentrons dans la maison. Il est près de deux heures du matin, Esther Rosenbaum dort toujours à l'étage. La veille peut reprendre, mais cette fois je ne suis plus tout seul.

CHAPITRE ONZE

MA NUIT AVEC SCHÉHÉRAZADE... ÇA SONNE BIEN, NON ? N'ALLEZ SURTOUT RIEN IMAGINER. CHACUN DANS SON FAUTEUIL, on se regarde en chiens de faïence tandis que je lui résume les informations que j'ai recueillies sur mon petit carnet.

N'empêche, c'est la première fois que je passe la nuit avec une fille. Qu'elle s'appelle Schéhérazade donne du piquant à l'affaire. Parce que depuis que je la connais, je me suis documenté : l'autre, la vraie Schéhérazade, celle des *Mille et Une Nuits*, était une princesse prisonnière qui, chaque soir, pour sauver sa vie, racontait d'interminables histoires à son geôlier. Je ne sais pas, mais ça devait lui prendre la tête, à la fin, toute cette parlote, au type, alors qu'il devait avoir envie de dormir...

Avec la mienne, aucun risque : effondrée dans son fauteuil, elle n'ouvre la bouche que pour bâiller, je suis obligé de faire la conversation tout seul pour qu'on ne s'endorme pas.

Tout à coup, elle se dresse sur son séant :

– Tu n'as rien entendu ?

Un grincement étouffé. Le portail ? Un murmure de gravier roulant sous une semelle.

– Impossible, je chuchote. Mickey aurait sifflé.

Mais Schéhérazade a déjà bondi. Par la planche disjointe d'un volet, elle scrute le jardin, tendue comme une tigresse à l'affût.

– Il est là ! souffle-t-elle. Il s'approche du perron. Tombons-lui dessus par-derrière... Vite, à la trappe !

La trappe, c'est mon idée à moi, germée l'après-midi même en explorant les lieux à la recherche d'un plan : une trappe à charbon ouvrant sur l'arrière du jardin.

Aussitôt, nous nous précipitons à la cave. J'éclaire l'escabeau sur lequel Schéhérazade se hisse souplement. Le temps de soulever l'un des battants, un rétablissement, et nous voilà dans le jardin baigné par la lueur de la lune.

Après cette longue attente, l'action me fait l'effet d'une douzaine d'espressos serrés : mes mains tremblotent, j'ai le poil qui se hérisse sur la nuque et le cœur qui tressaute dans la poitrine.

Schéhérazade ne me laisse pas le temps de réaliser que j'ai peur. Elle m'entraîne, courbés comme des Indiens le long de la haie et prenant garde à étouffer le bruit de nos pas. « Heureusement que je n'ai pas mis mes baskets La Gear, celles qui font de la lumière quand on marche », me dis-je absurdement.

Mais c'est fou ce qui passe à travers la tête dans un moment pareil. Genre : « Et si le type était armé ? Et si j'embrassais Schéhérazade sur la bouche, là, juste pour voir ? Et si ma mère avait téléphoné à Mario pour savoir si j'étais bien chez lui cette nuit ? »

A l'angle de la maison, on s'embusque, tâchant de voir quelque chose. Je suis collé contre Schéhérazade et je sens le duvet de son bras nu contre le mien.

Le rôdeur se tient sur le perron, juste une silhouette dans l'ombre du porche. Des feuillages le masquent à moitié, mais on dirait qu'il essaie des clefs dans la serrure.

– Passe devant, me glisse Schéhérazade à l'oreille. Un plaquage de rugby et je l'assomme avec ta torche.

Elle en a de bonnes. Ma spécialité, c'est le foot, pas le rugby. D'ailleurs, j'ai les jambes si molles que je serais bien incapable de plaquer qui que ce soit.

Tout se passe très vite alors. Un coup de sifflet strident déchire la nuit, nous faisant faire un bond sur place. Zut ! je pense, c'est Mickey qui s'en mêle ! Une lumière jaillit à l'étage, le rôdeur détale comme un lapin. En deux enjambées, il a gagné le portail. Sur le trottoir, il hésite un quart de seconde avant de reprendre sa course, disparaissant derrière la haie.

– Le chantier, vite ! Il va s'échapper ! hurle Schéhérazade.

Elle court comme une gazelle et je dois mettre le turbo pour rester à sa hauteur. Par chance, la pleine lune éclaire le chantier, dessinant en point de mire la silhouette du rôdeur qui sautille dans les replis accidentés du terrain. Il a pris deux cents mètres d'avance, tout au plus. Sur ma droite, le bruit d'une autre cavalcade m'apprend que Mickey, Rachid et Pinpon l'ont pris en chasse, eux aussi.

– Plus vite ! halète Schéhérazade. Plus vite !

Difficile de sprinter la nuit sur un terrain pareil. La terre est meuble, pleine de bosses et d'ornières, creusée de brusques fondrières par le passage des bulls. On manque de se tordre les chevilles, de tomber dans des trous, il faut escalader des monticules dont les parois s'effritent en avalanche.

Devant, le type n'est pas plus à l'aise. Je le vois qui trébuche, tombe, se relève. Il paraît minuscule, presque pitoyable sous les grues. Pas de doute : il se dirige vers le bâtiment en construction.

– On le tient ! je crie.

Je me retourne : plus de Schéhérazade. J'ai dû la lâcher quelque part. Tant pis, je continue tout seul, luttant contre le point que je sens venir au côté droit.

Le terrain, dans cette partie du chantier, forme une butte assez haute au pied de laquelle s'ouvre une large fosse quadrillée de poutrelles et de tiges d'acier. En suivant la ligne de crête, je dévale vers la masse sombre de l'immeuble en construction. Dans la nuit, silhouettée sur le clair de lune, on dirait un château de cartes inachevé : une superposition de plates-formes sans murs, de piliers ouvrant sur le vide où grimpent des cages d'escalier en béton nu et blême.

Au pied de l'édifice, je ralentis. L'homme a disparu à l'intérieur et j'hésite à le suivre. J'ai perdu ma torche dans la course, la lune disparaît subitement, avalée par un nuage.

Où sont les autres ? C'est bien ma veine : j'ai toujours détesté les trains fantômes et les châteaux hantés. Profitant d'un rayon de lune, je prends mon courage à deux mains et pénètre dans le bâtiment, l'oreille dressée.

Une sorte de vaste salle s'ouvre devant moi, encombrée de tuyaux et de gaines électriques. On se croirait dans un parking souterrain de supermarché plus que dans un immeuble : une chape de béton nue sur laquelle les pas résonnent, une forêt de piliers et de conduites apparentes.

J'essaie de garder mon calme, de réfléchir. Dans les feuilletons, les criminels en fuite ne cessent de monter. En général, ça finit par une belle bagarre au bord du vide. Un cri, un vol plané, et le méchant disparaît, englouti dans une nappe de béton liquide...

Soudain, au-dessus de ma tête, énorme dans le silence, le fracas d'une tige métallique qu'on vient de renverser, un juron de douleur. Les cheveux se hérissent sur ma tête tandis que je m'élance dans l'escalier. La télé a toujours raison : le type est bien là-haut à en juger par la cavalcade effrénée qui provient de l'étage.

A bout de souffle, je surgis sur une plate-forme ventée, encombrée de poutrelles et de tringles rouillées. C'est la copie conforme du rez-de-chaussée sauf que, de chaque côté, s'ouvrent trois bons mètres de vide, un trou béant par lequel le chantier en contrebas ressemble à un paysage lunaire.

Je n'ai même pas le temps d'avoir le vertige : surgie de l'abri d'un pilier, une forme humaine bondit sur moi comme un obus, m'entraînant dans sa chute.

Le type doit bien peser dans les quatre-vingts kilos. Nous roulons dans les gravats, à demi suffoqués par les nuages de plâtre, toussant et cognant à l'aveuglette. Avec une énergie désespérée, je lutte pour dégager mes bras, mais l'autre est bien trop lourd.

Il prend vite le dessus, s'assied sur ma poitrine et s'apprête à m'étendre pour le compte... quand je reconnais Mickey. Cette grosse brutasse de Mickey, le tee-shirt en lambeaux, les cheveux poudrés de plâtre, et qui ouvre des yeux ahuris grands comme des soucoupes.

– Bon Dieu, Matt ! Ça alors ! Ça alors ! ne cesse-t-il de répéter.

– Espèce de crétin ! A qui croyais-tu avoir affaire ? Au pape ?

Rachid et Pinpon surgissent à leur tour, l'air aussi hébété.

– Fais excuse, Matt. Sérieux, j't'avais pris pour le rôdeur. On s'était planqués là pour y faire sa fête. J'pouvais pas savoir que c'était toi.

J'ai l'impression d'avoir été percuté par un autobus, les coudes en sang et du plâtre plein la bouche.

– Vrai, explique Pinpon. On est montés par l'aut' escalier.

– En tout cas, je vous retiens. Sans vous, on le coinçait dans le jardin. Qu'est-ce qui vous a pris de siffler si tard ?

Mickey baisse la tête, l'air malheureux d'un gros bébé.

– J'crois bien qu'on s'est endormis, Matt...

– De mieux en mieux ! Bravo les guetteurs ! lance une voix derrière nous.

C'est Schéhérazade qui nous rejoint, boitant bas et l'œil plus furibard que jamais.

– Un plan d'enfer, Matt, vraiment ! elle explose. Les dingues qui me sautent dessus pour commencer, l'autre qui siffle comme un malade au pire moment et moi qui me foule la cheville ! En plus, le rôdeur a disparu... Après cette sarabande, on n'est pas près de le revoir !

Elle a retrouvé ma torche et, dans la lumière qu'elle promène sur nous, on a vraiment l'air fin : Mickey en loques, le nez blanchi de plâtre, moi tout ensanglanté et profil bas, les autres qui ricanent en se poussant du coude... En plus, j'ai cassé le boîtier de ma montre dans ma chute.

– Désolé, je bredouille. Attends, je vais t'aider à descendre.

Elle repousse mon bras avec humeur.

– Pas la peine, dit-elle en s'engageant dans l'escalier. Assez de catastrophes pour cette nuit. Garde tes forces pour expliquer à la vieille le résultat des opérations. Moi, je rentre me coucher.

NOUS TROUVONS ESTHER ROSENBAUM EN FACTION SUR LE PERRON ÉCLAIRÉ. MALGRÉ LA TIÉDEUR de la nuit, elle a enfilé une robe de chambre dont elle serre les pans autour de son cou.

– Mes pauvres amis, que vous est-il donc arrivé ?

En quelques mots embarrassés, je l'informe de l'échec de la poursuite.

– Et ces garçons vous ont aidés ? s'étonne-t-elle en désignant Mickey et ses copains. Comment vous remercier, mes enfants ? Allez, tout le monde à l'intérieur ; à mon tour de me rendre utile.

C'est la première fois que les gars de la barre entrent chez la vieille dame. Rachid et Pinpon se poussent du coude en découvrant les bibelots, le lustre en forme d'ananas, les appuie-tête en dentelle. On dirait qu'ils visitent un musée, n'osant poser leurs grosses baskets poussiéreuses sur le tapis.

Esther Rosenbaum a descendu une trousse à pharmacie et s'emploie, malgré ses grimaces, à nettoyer les croûtes de sang sur le nez de Pinpon.

– Allons, c'est juste un peu d'alcool... Vous n'allez pas me faire croire qu'un grand garçon comme vous est douillet comme une fille.

Il faut voir aussi Mickey, fesses serrées sur le bord du canapé, manger des gaufrettes qu'elle offre dans une boîte en fer, un verre de sirop d'orgeat à la main...

C'est bien la première fois qu'il boit autre chose que de la bière ou du Coca, j'en suis sûr. La première fois aussi qu'une vieille dame lui sert des biscuits faits maison. On le dirait embarrassé de son corps comme d'un gros sac qu'il ne saurait où fourrer.

– C'est rien, m'dame, se défend-il quand elle veut soigner ses égratignures. Vous donnez pas cette peine, m'dame.

– Restez tranquille, mon garçon, ce ne sera pas long.

Il se laisse faire lui aussi, intimidé, le visage agité d'un tic nerveux et roulant des billes effarées.

Quand elle a fini, il louche avec ahurissement sur la poupée de gaze qu'est devenue sa main. Je parierais qu'on ne s'est jamais occupé de lui comme ça, ni de Rachid, ni de Pinpon. A deux pas de la barre, des bandes sur le parking et des bagarres avec les vigiles du supermarché, le salon d'Esther Rosenbaum, si vieillot et si tranquille, doit leur paraître aussi irréel que les mondes parallèles de la troisième dimension, dans les feuilletons de la télé.

– Bon, il est très tard, maintenant. Il faut rentrer chez vous. Revenez me voir tous les trois, n'est-ce pas ? Je serai toujours ravie de vous offrir à goûter.

– Oui, m'dame, à goûter, répète Mickey. Merci, m'dame. Bonne nuit, m'dame.

Il me fait un petit signe de tête, et ils sortent tous les trois, non sans s'essuyer à nouveau les pieds sur le paillasson de l'entrée.

– De braves petits gars, commente Esther, hochant la tête avec tristesse. C'est si difficile d'être jeune aujourd'hui quand on n'a rien... Allons, à nous maintenant. Matt, vous dormirez sur le canapé. J'emmène cette jeune fille dans la chambre d'amis pour bander sa cheville. Essayez de dormir un peu.

Facile à dire, je pense. Le canapé est minuscule, avec des accoudoirs en bois sculpté et des coussins avachis. Sans la venue inopinée de Schéhérazade, c'est moi qui aurais eu droit au lit d'amis, me dis-je, la regardant monter avec une pointe d'envie. Mais la nuit a été rude. A peine me suis-je plié sur ma couche de fortune que le sommeil me tombe dessus. Je sombre brutalement dans un trou sans fond.

CHAPITRE TREIZE

– BONJOUR, MATT. PAS TROP MAL DORMI ?

J'OUVRE UN ŒIL, LE REFERME AUSSITÔT. SCHÉHÉRAZADE EST ASSISE À MON CHEVET, FRAÎCHE comme une rose. Je grogne quelque chose, le dos cassé, l'impression d'avoir servi toute la nuit de sac de sable à un club de boxeurs.

– Petit déjeuner, me dit-elle. Je crois que notre amie a de la visite.

Dans la cuisine, nous trouvons Esther Rosenbaum attablée en compagnie d'un petit homme rondouillard, au visage rose et avenant.

– Georges Ledoux, se présente-t-il. Ma tante m'a raconté tout ce que vous avez fait pour elle.

Il a les paumes moites, le crâne lisse et les doigts si poilus qu'on dirait que ses cheveux se sont trompés d'endroit.

– Georges est passé m'apporter un magnifique bouquet, dit la vieille dame avec fierté.

– Oh! trois fois rien, ma tante, se récrie Georges Ledoux. Je passais aux nouvelles, à tout hasard. Quelle affreuse nuit tu as dû vivre!

Puis, se tournant vers nous :

– Cette situation ne peut plus durer. Ma tante doit partir s'installer ailleurs. Il faut vendre et déménager.

– Je doute que le rôdeur revienne de sitôt fureter par ici, remarque Schéhérazade en s'installant devant un bol de café au lait.

– Sans doute, sans doute, proteste le gros homme. Mais ma tante n'est plus en sécurité ici. Il faut se montrer raisonnable ou les choses finiront mal.

– Voyons, Georges, nous en avons déjà parlé cent fois. Cette maison est tout ce qui me reste. Pas question de la vendre et d'aller m'installer dans une de ces affreuses maisons de retraite tant que je serai encore en bonne santé.

Puis, se tournant vers nous :

– Quand il s'est agi de construire la cité des Lilas, j'ai reçu la visite du promoteur. Comme il a vite compris que je n'étais pas du tout décidée à vendre mon pavillon, il s'est mis en colère, m'a traitée de vieille toquée...

Georges Ledoux hoche la tête avec lassitude :

– Il a été un peu brutal, je l'avoue. Mais il ne s'agit que de t'installer en sécurité chez moi et de me laisser m'occuper du reste.

– Moi vivante, Georges, martèle la vieille dame, personne ne vendra cette maison!

Rassurés de la savoir sous la protection de son neveu, nous nous esquivons discrètement, non sans promettre à Esther Rosenbaum de la tenir au courant des progrès de notre enquête.

– Merci encore de ce que vous faites pour elle, nous dit Georges Ledoux en nous raccompagnant. Pour quelle agence travaillez-vous, déjà ? Je n'ai pas bien retenu le nom que m'a dit ma tante.

– Pertinax, dis-je, rougissant légèrement.

– Voici ma carte, dit-il en tirant de son portefeuille un petit bristol. Appelez-moi s'il y a du nouveau, n'est-ce pas ?

– Entendu, promet Schéhérazade en montant sur mon porte-bagages. Vous pouvez compter sur nous.

Avec sa cheville bandée, elle peut à peine poser le pied par terre. Je la ramène sur mon Solex, tout fier de me rendre utile, pour une fois.

Arrivés devant l'immeuble, je l'aide à monter les escaliers. Elle habite au-dessus de l'agence, un grand appartement à moitié vide où elle me fait entrer.

– Ne sois pas bête, dit-elle. Ma mère est partie travailler.

Une cuisine rudimentaire, des pièces ensoleillées, si peu meublées que la voix y résonne. Le parquet craque sous les pas comme du sable et la peinture des murs n'a pas été finie. Partout, de grandes traces de rouleau qui donnent aux pièces un côté art moderne, des étoffes tendues en guise de tapisserie.

Elle me désigne un pouf.

– Je vais faire du thé. Tu en veux ?

Elle clopine sur un pied vers la cuisine et je reste seul dans la salle de séjour, sous le poster immense d'une chanteuse berbère aux yeux fardés de khôl. Je m'aperçois que je ne sais rien de Schéhérazade. Elle se contente d'apparaître et de disparaître de ma vie quand ça lui chante. Sans Esther Rosenbaum, m'aurait-elle seulement regardé ? La vieille dame, notre souci de la protéger, forment entre nous une sorte de trait d'union. Mais qu'adviendra-t-il après ?

Elle s'assied par terre, le dos droit comme une danseuse, la cheville posée sur un coussin. Devant nous, deux petits verres emplis d'un thé brun et brûlant.

– Les gens de l'agence, tu les connais depuis longtemps ? je demande, histoire de rompre le silence.

– Quand j'étais petite, je jouais dans les bureaux pendant que ma mère faisait le ménage.

– Et ton père ?

Elle souffle sur son verre avec indifférence :

– Parti. Il est rentré au Maroc il y a dix ans.

– Le mien aussi s'est barré, je dis, presque content de ce point commun que ça fait entre nous.

J'ai déjà eu des copines beur, à la cité ou au collège, aucune pourtant d'aussi jolie que Schéhérazade. Mais ce que j'ai remarqué chez les filles beur, c'est combien elles sont secrètes. Elles parlent rarement de leurs problèmes, de leur famille. On a l'impression qu'elles n'ont jamais assez confiance; ou peut-être qu'elles ont été élevées comme ça, je ne sais pas. En tout cas, Schéhérazade ne fait pas exception à la règle.

– C'est pour ça que je travaille à l'agence, j'explique comme elle se tait. Pour aider ma mère. C'est pas facile avec un seul salaire.

– Je fais du baby-sitting, elle dit, et c'est tout ce que je peux savoir de plus.

On a bu notre thé dans le grand appartement silencieux, puis je me suis levé pour partir.

– Attends, elle a dit, je t'accompagne.

Elle a sautillé en s'appuyant aux murs jusque dans l'entrée.

– J'espère que tu ne m'en veux pas pour cette nuit. Je suis d'une humeur de chien quand je n'ai pas mes douze heures de sommeil.

Je hausse les épaules.

– Aucune importance. J'étais content que tu sois là.

– On se retrouve à l'heure du déjeuner, d'accord?

Et là se produit l'incroyable: toujours sur une patte, elle se penche vers moi et effleure de ses lèvres le coin de ma bouche. Un baiser si rapide, si frais, si inattendu que j'en reste pantois, debout sur le palier éteint où la porte vient de claquer avec fracas.

JE PASSE LA MATINÉE SUR UN PETIT NUAGE, TRIANT, CLASSANT À LA FAÇON D'UN AUTOMATE.

Le manque de sommeil, notre nuit mouvementée, le baiser de Schéhérazade : je me sens épuisé et surexcité en même temps, les paupières lourdes, la bouche pâteuse mais la cervelle en ébullition.

– Qu'est-ce qu'il a, notre Matt, ce matin ? Tu as la tête de quelqu'un qui est tombé du lit. Pas d'ennuis, au moins ?

Clara m'observe de derrière sa machine, le sourcil dressé en accent circonflexe.

– Ça va, dis-je. Juste ces dossiers qui me donnent la migraine.

– Va donc me poster ça, suggère-t-elle en me tendant un pli urgent. Ça te fera du bien de te dégourdir un peu les jambes.

Ferreira sort à cet instant du bureau de M. Pertinax.

– Attends, petit, je t'accompagne.

Dans la rue, j'ai du mal à suivre son pas alerte d'homme habitué aux filatures. Son vieux costume est froissé comme s'il avait dormi tout habillé et un pan de chemise dépasse de sa veste.

– Tracassé, p'tit ? Tu n'as pas l'air dans ton assiette.

– C'est ma grand-mère, j'explique en me jetant à l'eau. Quelqu'un s'amuse à la persécuter et je ne sais pas quoi faire pour l'aider.

L'occasion est trop belle. En quelques mots, je lui raconte l'histoire d'Esther Rosenbaum, les coups de fil anonymes, le rôdeur, préférant garder sous silence l'épisode peu glorieux de la nuit.

– C'est tout, p'tit ? fait-il quand j'ai fini. Un cas classique d'intimidation, pas de quoi fouetter un chat à mon avis.

– A la place de ma grand-mère, qu'est-ce que vous feriez ?

– Je ferais changer mon numéro de téléphone et je me mettrais sur la liste rouge.

– Déjà fait.

– Ensuite, je vérifierais la piste du concierge, ce Desotto... Rien à trouver de ce côté-là, à mon avis, mais mieux vaut s'en assurer. Si j'étais elle, vois-tu, p'tit, je m'intéresserais surtout à ce promoteur. J'les connais, ces gars-là : des requins, prêts à tout pour gagner du pognon... Oui, p'tit, crois-en le flair de ce vieux Ferreira : c'est du côté du promoteur qu'il faut chercher.

– Mais dans quel but ? Pourquoi s'en prendre à elle ?

Ferreira hausse ses larges épaules et se glisse un cure-dent au coin de la bouche.

– Facile à comprendre, p'tit. Ces gars-là achètent un pavillon, le rasent, construisent à la place un immeuble de dix étages et ramassent une grosse galette dans l'opération. Une galette dont tu n'as pas idée, p'tit. Même en nouveaux francs, ça te donne le vertige ! Alors, imagine que la vieille ne veut pas vendre : c'est des millions et des millions qui leur passent sous le nez !

– Mince ! dis-je. J'avais pas pensé à ça.

– L'expérience, p'tit, l'expérience. Si t'as une minute, à l'agence, cherche le dossier Poupard. Une vieille affaire dont je me suis occupé en 89. Tu verras, c'est très instructif...

Il s'arrête au carrefour, me tend sa large pogne.

– Je prends le métro ici, p'tit. Te bile pas trop pour ta grand-mère, hein ? Et si quelque chose ne va pas, n'hésite pas : ce vieux Ferreira est toujours là.

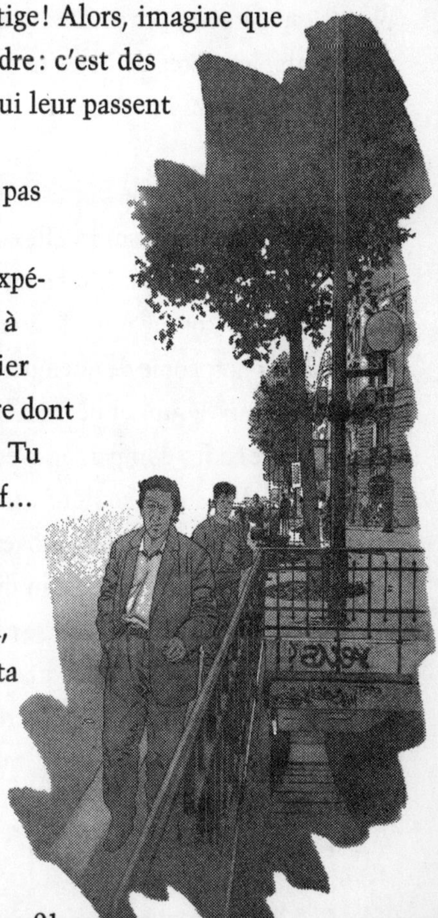

Un détour par la poste pour donner le pli de Clara et je rentre en réfléchissant. Le troisième immeuble dont la construction semble arrêtée, le chantier désert... Et si Ferreira avait raison ?

De retour à l'agence, j'ouvre le fichier 1989. Les dossiers des affaires classées sont rangés par ordre alphabétique dans des chemises à tirettes. Par chance, le dossier Poupard est à sa place. Rapidement, j'en feuillette les pièces : la déposition des plaignants, les notes de Ferreira décrivant les progrès de son enquête, le double au carbone du rapport final dressé par l'agence...

Il me faut une bonne demi-heure pour me faire une idée claire de l'affaire. En résumé, elle concerne un couple de retraités, M. et Mme Poupard, résidents à Belleville et victimes, comme Esther Rosenbaum, de menaces anonymes. Le dossier contient la photocopie de quelques lettres tapées à la machine enjoignant aux Poupard de déménager sous peine de représailles : c'est en les comparant avec une offre d'achat adressée aux Poupard par une société immobilière, la Batisoc, que Ferreira a pu prouver qu'elles provenaient de la même machine à écrire. La Batisoc avait besoin du terrain des Poupard pour construire le parking d'un centre commercial.

Grâce au flair de Ferreira, l'affaire s'était heureusement terminée : le pot aux roses découvert, la Batisoc avait offert un gros dédommagement à ses victimes et acheté leur maison au prix fort.

– Je ne te dérange pas, au moins ?

Je sursaute. Perdu dans ma lecture, je n'ai pas entendu Clara quitter l'agence pour le déjeuner. Schéhérazade se tient sur une seule jambe devant la porte de mon réduit et m'observe avec curiosité. Douchée, les cheveux roulés en deux nattes épaisses, elle porte une jupette de coton jaune qui souligne le bronzage de ses jambes nues.

Surexcité, je lui expose ma théorie :

– Nous nous sommes fourré le doigt dans l'œil depuis le début. Desotto n'est pour rien dans cette histoire, je le parierais. D'ailleurs, nous allons vérifier tout de suite. Je te raconterai le reste en chemin.

– Et ma cheville ? Tu oublies que je peux à peine marcher.

– Aucune importance, dis-je en l'entraînant. J'ai mon Solex.

Et nous voilà partis, si serrés sur la selle étroite que Schéhérazade doit enrouler les bras autour de ma taille pour ne pas tomber. Sa jupe volette au vent, son souffle chauffe mon épaule. Direction : la cité des Lilas. Si les filles pouvaient se fouler la cheville plus souvent, comme la vie serait belle !

JE GARE MON SOLEX PRÈS DU BÂTIMENT B. LE PARKING DE LA CITÉ, ÉCRASÉ DE SOLEIL, EST À PEU PRÈS DÉSERT.

Pas de Mickey ni de Pinpon en vue. Par les fenêtres ouvertes de la barre, on entend des bruits d'assiettes, des casseroles qu'on entrechoque et des radios qui braillent.

– Loge du gardien, je lis. Première porte à gauche. J'espère qu'il ne va pas lâcher sur nous son berger allemand.

– Sonne, dit Schéhérazade, et laisse-moi faire.

A vrai dire, je ne suis qu'à moitié rassuré. Le portrait qu'on nous a fait de Desotto, de ses coups de sang et de son chien ne présage rien de bon.

L'homme qui nous ouvre frise la quarantaine. Râblé, les yeux à fleur de tête, le torse moulé dans un maillot de corps, une serviette de table nouée autour du cou.

– Ç'ta quel sujet ? fait-il en s'essuyant la bouche, nous dévisageant d'un air soupçonneux.

– Monsieur Desotto ? interroge Schéhérazade avec son plus beau sourire. Pardon de vous déranger à table. Nous faisons une enquête pour les services sociaux de la mairie. Auriez-vous quelques minutes pour répondre à un petit questionnaire ?

L'aplomb avec lequel elle débite son baratin paraît convaincre Desotto.

– Si l'désordre vous dérange pas, grommelle-t-il. J'étais juste en train de terminer de déjeuner.

Il nous fait entrer, referme derrière lui la porte bardée d'une impressionnante rangée de verrous.

L'appartement dans lequel nous pénétrons doit faire tout juste vingt mètres carrés. Une pièce unique, un coin cuisine encombré de vaisselle sale, un canapé-lit sur lequel somnole le chien. Au mur, un affreux papier peint olive et or, un grand portrait du pape au-dessus du buffet.

Une jeune femme encore à table achève son repas, les yeux rivés sur le poste de télé.

– Maria, grogne Desotto, des enquêteurs de la mairie...

C'est l'heure de *La Roue de la fortune*. Le reste de l'espace est occupé par un parc à jouer dans lequel une petite fille en couches babille en regardant l'écran. Une odeur de sardines grillées et d'eau de Javel, quelques coupes sportives et une statuette en coquillages complètent le décor.

Desotto chasse le chien et nous fait asseoir sur le canapé. La télé marche si fort qu'il faut presque crier.

– Voilà, explique Schéhérazade. Nous réalisons une enquête sur les conditions de vie dans la cité. Vous êtes gardien ici depuis longtemps ?

– Depuis la construction, pas vrai Maria ? Quand on est arrivés du Portugal, c'est le premier boulot qu'on a trouvé. C'est pas que l'appartement soit bien grand, surtout avec le bébé... Mais avec tout ce chômage, que je dis, faut pas se montrer difficile.

– Deux immeubles, ça doit vous faire beaucoup de travail...

– M'en parlez pas ! Y a pas d'horaires : entre les poubelles à sortir, les cages d'escalier à faire, l'accueil, c'est pas un boulot, que je dis : c'est de l'esclavage.

Il tapote une cigarette sur son paquet, l'allume en faisant rouler ses gros biscoteaux avant de continuer :

– Si encore les gens ils étaient soigneux, mais pensez-vous : ils mettent leurs saletés partout et après, c'est à Desotto de ramasser... Y a plus d'éducation. Et je vous parle pas de la sécurité : i' se passe pas un jour sans qu'y ait des vols dans les caves et les garages. Forcément, avec tous ces étrangers...

Il regarde Schéhérazade et se gratte le torse avec gêne.

– Remarquez, moi j'ai rien contre les étrangers, hein ! Comme je dis, c'est pas quand on est portugais qu'on va dire du mal des autres. Le problème, c'est surtout les jeunes, aujourd'hui. Je dis pas ça pour vous non plus puisque vous travaillez à la mairie. Je parle des jeunes qui traînent, que leurs parents sont au chômage ou autre... Moi, que j' dis, si ils étaient à moi, ça traînerait pas : une bonne raclée de temps en temps et ils marcheraient droit, c'est moi qui vous le dis !

Nous nous tortillons sur notre canapé. La solidarité entre jeunes, ça existe, et je sens Schéhérazade devenir de plus en plus nerveuse.

– Baisse un peu la télé, Maria, tu veux ? continue Desotto. Remarquez, dans un sens, les jeunes, je les comprends. J'étais pareil à leur âge, pour vous dire. Seulement, vous comprenez, chaque fois qu'y a un problème, c'est sur Desotto que ça retombe.

– Quel genre de problèmes ? je demande avec détachement.

– Bah ! Les boîtes aux lettres fracturées, les graffiti, des trucs qui disparaissent dans les caves... Tenez, y a pas un mois, deux jeunes qui fumaient en cachette et qui ont failli me mettre le feu au vide-ordures. Vous imaginez le désastre si j'étais pas intervenu ?

Schéhérazade me jette un regard oblique : sans le savoir, Desotto vient d'entrer dans le vif du sujet.

– Ils se rendent pas compte, c'est sûr. I' font leurs bêtises sans penser à mal. Mais l'immeuble, c'est quatre-vingts familles. Sans Desotto, tout ça partait en flammes d'un seul coup, juste à cause d'une cigarette mal éteinte.

Il gonfle le torse, écrase son mégot dans le cendrier comme on écraserait une mouche. Si déplaisant que soit le personnage, je ne peux m'empêcher d'avoir pitié de lui, de son appartement trop petit, de sa façon de se donner de l'importance. Derrière lui, sur l'écran, un animateur trop bronzé et une présentatrice en jupe trop courte font tourner une roue de loterie sous un tonnerre d'applaudissements enregistrés. Sa femme n'a pas levé les yeux du poste, le bébé ronchonne dans son parc, baigné de sueur sous le méchant soleil qui passe par la fenêtre. Chaque midi, ils doivent rêver aux millions de la télé dans leur loge surchauffée, puis retrouver les poubelles, les graffiti à lessiver et le mépris des gens.

Alors je l'imagine roulant des mécaniques auprès des jeunes avec son berger allemand, ses coupes sportives et ses épaules poilues de déménageur. Une façon de leur montrer qui est le chef, le respect dû aux aînés et tout ça. Je connais bien le couplet : dans notre cité, le gardien est pareil.

– A ce propos, intervient Schéhérazade, j'ai cru comprendre

que vous aviez eu une sérieuse altercation avec Mme Rosenbaum, la propriétaire de la Villa Mon Rêve.

Desotto se raidit d'un seul coup. Ses gros sourcils se plissent tandis qu'il nous scrute avec suspicion.

– Qui vous a parlé de ça ? Et puis d'abord, m'avez l'air bien jeunes pour travailler à la mairie... Z'avez une carte, un papier officiel ?

Au changement de ton de sa voix, le berger allemand a dressé les oreilles et nous contemple de ses yeux jaunes, prêt à attaquer. Je déglutis avec peine, sentant l'affaire tourner au vinaigre.

– Nous avons juste été engagés pour l'été, riposte Schéhérazade sans s'en laisser conter. La mairie ne donne pas de carte aux intérimaires, mais vous pouvez les appeler si vous voulez...

Desotto se frotte la nuque, ne sachant sur quel pied danser. Le bluff de Schéhérazade a porté : comme toutes les petites gens, comme ma mère, Desotto se ferait hacher menu plutôt que de téléphoner à un organisme officiel. Il se contente de faire jouer les muscles de sa mâchoire en se demandant ce qu'il doit croire.

– Nous avons déjà rencontré Mme Rosenbaum, continue Schéhérazade. C'est elle qui a évoqué cette dispute. Mais nous voulions surtout votre avis : vous êtes l'homme clef de la cité, monsieur Desotto, même si vous êtes trop modeste pour le reconnaître.

Desotto se rengorge, flatté. Schéhérazade, avec une rouerie typiquement féminine, vient de gagner la partie.

– Nous avons eu quelques mots, c'est vrai, reconnaît-il. J'suis nature, moi. Faut pas qu'on vienne me chatouiller sous les bras.

– Etes-vous au courant des menaces qu'elle a reçues ? se risque Schéhérazade, le fixant de son regard le plus innocent.

– Des menaces ? répète Desotto, le cou gonflé par la colère. Cherchez pas plus loin, mam'selle : encore un coup des étrangers, sauf votre respect. Ils ont aucune considération pour les vieux, ces gens-là. C'est vrai, des fois je m'énerve, un mot part plus fort que l'autre, mais après je regrette. Desotto, que je me dis, t'as mal parlé à une dame qu'a l'âge d'être ta mère. C'est qu'elle a pas assez fait marcher la ceinture quand t'étais môme...

Il fait le signe de croix sur son maillot de corps avant de reprendre :

– Mme Rosenbaum, que je dis souvent, c'est une sainte cette femme-là ! Toujours le mot gentil et pas fière pour deux sous... Que j'tombe seulement sur le gars qui lui fait des misères et i' verra comment qu'on apprend le respect des vieux, chez moi, au Portugal.

– Eh bien, dis-je en me levant, je crois qu'il ne nous reste plus qu'à vous remercier.

– A vot' service. Si des fois vous pouviez leur toucher un mot, à la mairie, pour notre appartement... Avec le bébé, Maria qu'est enceinte, c'est pas qu'on soit exigeants, vous comprenez, une petite pièce de plus, ça serait pas de refus...

– C'est ça, marmonne Schéhérazade, ne vous inquiétez pas, on leur dira...

A peine la porte s'est-elle refermée sur nous qu'elle balance un grand coup de pied dans une poubelle.

– Pour qui il se prend, celui-là, avec ses étrangers ? explose-t-elle. Une minute de plus et je lui faisais manger son râtelier à ce facho !

– Calme-toi, je lui dis. En tout cas, nous pouvons rayer Desotto de la liste des suspects, tu ne crois pas ? Il m'a paru sincère.

– Moi aussi, malheureusement... Je l'aurais volontiers envoyé en tôle. Ce sont des types comme ça qui nous pourrissent la vie.

– La sienne ne doit pas être bien rigolote non plus, je dis en détachant l'antivol de mon Solex. Très fort, ton petit numéro, en tout cas. Je me demande où tu vas chercher tout ça. Tu devrais te présenter aux élections un de ces jours : j'ai rarement vu quelqu'un mentir comme toi.

Elle ne peut s'empêcher d'éclater de rire.

– J'y penserai. Homme politique, c'est bien comme carrière pour une petite beur, non ? Ça ferait les pieds à tous les Desotto. La première mesure que je prendrais si j'étais élue, ça serait d'interdire les maillots de corps et les jeux débiles de la télé.

– Bon courage ! je dis. Tu as du pain sur la planche !

On se paie tous les deux une nouvelle bonne pinte de rire en remontant sur le Solex. La visite chez Desotto nous a mis les nerfs à fleur de peau.

– Allez, trêve d'âneries, dit Schéhérazade en s'essuyant les yeux. Filons chez Esther Rosenbaum.

Quand la vieille dame nous ouvre, nous comprenons aussitôt qu'il s'est passé quelque chose. Un tic nerveux agite sa paupière et elle a peine à respirer.

Notre enthousiasme chute d'un seul coup.

– Un colis, déposé là, juste devant chez moi pendant que j'étais au marché, explique notre amie en pressant sa poitrine. J'ai eu un choc en l'ouvrant… Mon cœur, mon pauvre cœur…

Elle désigne d'un doigt tremblant un petit paquet sommairement ficelé, enveloppé dans une feuille de papier kraft. Ni noms, ni adresse. A l'intérieur, un pigeon mort et un message. Une feuille visiblement arrachée d'un calepin, quelques mots, tapés à la machine : « Dernier avertissement. Sois raisonnable, sinon… » Pas de signature, naturellement, mais ces points de suspension, plus inquiétants que toutes les menaces.

– C'est notre faute, dis-je en refermant le paquet avec dégoût. Nous avons affolé le rôdeur. Cette fois, il est prêt à tout.

Esther Rosenbaum s'assied avec accablement. Je remarque soudain la petite valise posée dans un coin. Dessus, un chapeau orné de roses en tissu et un manteau léger.

– Ça ne peut plus durer, dit la vieille dame. Ma résolution est prise : j'ai appelé mon neveu, il passera me chercher dans l'après-midi. Je m'installe chez lui le temps que cette affreuse histoire soit réglée.

– Je crois que vous avez raison, approuve gravement Schéhérazade. Vous y serez plus en sûreté qu'ici.

– Et votre enquête, mes enfants ? Progresse-t-elle, au moins ?

Je lui raconte notre visite à la barre, comment nous avons pu disculper Desotto.

– Mais qui peut bien s'intéresser à ma pauvre maison ? gémit la vieille dame. Elle n'a aucune valeur !

– Ce n'est pas votre maison, mais le terrain sur lequel elle est bâtie qui en a, explique Schéhérazade. Dis-lui, Matt... Après tout, c'est ta théorie.

– Bien sûr, ça reste à vérifier, mais voilà comment nous voyons les choses... Tout commence il y a un an. Une société immobilière décide de construire une cité dans le quartier. Les maisons sont vieilles, délabrées, peu coûteuses à acheter. Il ne reste plus qu'à les raser pour bâtir à la place des barres d'immeubles et réaliser un joli bénéfice... Seulement, voilà : comme dans Astérix, un petit village résiste. Vous refusez de vendre, madame Rosenbaum, et sans votre terrain, impossible de construire le troisième immeuble ! Les travaux sont arrêtés, il faut trouver un moyen de vous chasser. Malheureusement, vous connaissez la suite.

Esther Rosenbaum m'écoute, les yeux écarquillés.

– Vous croyez vraiment que des gens puissent être assez méchants pour...

Je la coupe, pressé de confirmer mes hypothèses.

– Comment s'appelle la société immobilière qui a proposé de vous acheter la maison ?

– Je ne me souviens pas... Tous ces événements me font perdre la mémoire... Mais attendez, je dois encore avoir quelque part la lettre qu'ils m'ont envoyée.

Elle fouille dans un tiroir du bahut, en tire une liasse de papiers, soigneusement rangés sous une chemise en plastique transparent.

– La voilà... Tenez, regardez vous-même.

Je pousse un rugissement de triomphe.

– La Batisoc ! Juste comme dans l'affaire Poupard !

Devant son air éberlué, je lui raconte ma découverte du matin.

– J'ai bien peur que vous soyez tombée sur des spécialistes de l'intimidation. L'affaire Poupard ne leur a pas servi de leçon, semble-t-il... Est-ce que je peux garder cette lettre ?

– Nous filons de ce pas enquêter à la Batisoc, décrète Schéhérazade. Etes-vous sûre que tout ira bien ?

– Oui, oui... Mon neveu ne devrait plus tarder maintenant. Et puis vos découvertes m'ont rendu un peu de courage. Ces brigands ne parviendront pas à me faire céder !

– Bravo ! je m'écrie.

Et dans un élan d'euphorie, je plante deux gros baisers sur ses joues creuses. La Batisoc n'a plus qu'à compter ses abattis : l'Agence Pertinax, en la personne de son meilleur limier, est de nouveau à ses trousses !

LE SIÈGE DE LA BATISOC, SELON L'ADRESSE DU PAPIER À EN-TÊTE, EST L'UN DE CES GRANDS IMMEUBLES MODERNES QU'ON TROUVE dans le quartier de la Défense. Un cube de métal et de verre fumé de dix étages, regroupant les bureaux de plusieurs sociétés et gardé à l'entrée par un vigile en uniforme.

Schéhérazade clopinant à mon bras, nous traversons une esplanade large comme un terrain de football.

– J'ai la trouille, dis-je en la retenant. Filons vite d'ici.

La majesté des lieux, le vigile, les plaques des sociétés rutilantes à l'entrée, tout m'impressionne. Comment entrer, d'abord ? Et puis que dire ? Que nous, Schéhérazade et Matt, collégiens de troisième, soupçonnons cette forteresse de verre d'abriter une bande d'escrocs qui terrorise les vieilles dames ? On va nous rire au nez, pire : nous jeter dehors.

– Ah ! non, s'écrie Schéhérazade. Hors de question de renoncer maintenant ! J'y vais seule si tu te défiles.

Que voulez-vous faire quand une fille a décidé quelque chose ? Déjà le vigile s'avance vers nous, nous barre l'entrée, jambes écartées.

– Nous avons rendez-vous, dit Schéhérazade, imperturbable, en lui tendant une carte de visite.

Le vigile l'examine, reporte sur nous ses yeux froids de husky, puis lui rend la carte avec un soupir.

– Ça va, dit-il. Passez. Présentez-vous à l'accueil, premier guichet à droite.

– Qu'est-ce que tu lui as montré ? je murmure en franchissant la porte coulissante.

– Une carte de l'Agence Pertinax, répond-elle du tac au tac. Subtilisée tout à l'heure sur le bureau de Clara...

C'est bien ma veine : je fais équipe avec une menteuse professionnelle doublée d'un pickpocket !

Nous entrons dans un hall au marbre luisant. Air conditionné, musique douce, fauteuils profonds où des visiteurs attendent en chuchotant : on se croirait dans la salle d'attente géante d'une esthéticienne plus que dans un immeuble de bureaux. Sans hésiter une seconde, Schéhérazade se dirige vers le guichet d'accueil.

– Bonjour, dit-elle, tendant sa carte à une hôtesse en uniforme rose. Agence Pertinax. Nous faisons une enquête de routine et souhaiterions rencontrer le directeur de la Batisoc.

Je dois être rouge comme une pivoine, mais l'hôtesse ne semble pas s'en apercevoir.

– Désolée de ne pouvoir vous aider, mademoiselle, la Batisoc n'a plus son siège ici.

– Comment ? s'étonne Schéhérazade. C'est bien pourtant l'adresse que nous avons dans nos fichiers.

L'hôtesse sourit aimablement.

– Vraiment ? Je suis navrée. Voilà près de huit mois que la Batisoc a quitté nos locaux.

– Auriez-vous sa nouvelle adresse, afin que nous puissions remettre à jour notre fichier ?

L'hôtesse secoue la tête.

– C'est le genre de renseignements que nous ne sommes pas autorisés à donner, mademoiselle.

Derrière son comptoir, avec son uniforme rose, sa voix douce et sucrée, c'est un gardien plus redoutable encore que le vigile de l'entrée. Pas besoin de matraque ou de carrure de judoka : son sourire est une barrière infranchissable. Derrière elle, un monde d'affaires confidentielles, de sociétés discrètes sur lequel elle a charge de veiller. Nous n'en tirerons rien. Même sous la torture, me dis-je, elle gardera la même courtoisie.

– Ecoutez, s'entête Schéhérazade, c'est vraiment important. Il faut à tout prix que nous puissions rencontrer le directeur de la Batisoc ! Notre agence est chargée d'une enquête sur la cité des Lilas. Je suis sûre qu'il sera désireux de nous recevoir.

– La cité des Lilas ? Je connais cette réalisation, en effet. Malheureusement, je ne puis vous communiquer d'autres informations...

– Partons, dis-je à Schéhérazade. On se débrouillera autrement.

Mais Schéhérazade est têtue, plus encore que l'hôtesse. Maîtrisant son irritation, elle essaie une autre tactique :

– Cette enquête est notre première affaire, explique-t-elle. Si nous rentrons bredouilles, notre patron va nous mettre à la porte. Soyez gentille.

L'hôtesse pousse un soupir. Du coin de l'œil, je surveille le vigile. Alerté par notre station prolongée au comptoir, il nous observe avec une nervosité croissante. Il faut filer avant que ça tourne au vinaigre.

– Je suis tout à fait désolée, mademoiselle, répète l'hôtesse avec lassitude. La seule chose que je puisse faire, c'est vous communiquer le numéro de téléphone de l'étude qui s'est chargée de toute l'opération immobilière.

Elle ouvre son répertoire, recopie un numéro qu'elle nous tend.

Nous la remercions et j'entraîne Schéhérazade, suivis durant toute la traversée de l'esplanade par le regard soupçonneux du vigile.

– Zut et rezut ! s'emporte Schéhérazade quand nous remontons sur mon Solex. Impossible de lui tirer les vers du nez à cette limande !

– Elle fait son boulot, dis-je. Elle n'a pas cru une seconde à ton histoire, à mon avis.

– Oh, toi, forcément, il suffit qu'une blonde te sourie pour que tu tombes en pâmoison ! En tout cas, ça confirme nos soupçons : si la Batisoc était blanche comme neige, on ne ferait pas tant de pétard pour nous donner son adresse.

– D'abord, je ne tombe pas en pâmoison, comme tu dis. Ensuite, nous revoilà à la case départ. Tant que nous ne saurons pas où se cache la Batisoc, impossible d'avancer dans notre enquête.

– Bon, décrète Schéhérazade en s'installant sur mon porte-bagages. Arrêtons-nous au prochain bureau de poste et consultons l'annuaire. C'est bien le diable si nous ne trouvons pas l'adresse que nous cherchons.

Il faut faire vite : l'heure tourne et je vais être une fois de plus en retard à l'agence. Au bureau de poste, chou blanc. Nous avons beau éplucher les pages jaunes et les pages blanches, rien. La Batisoc semble s'être volatilisée.

– Bon sang, elle doit bien être quelque part, tout de même ! Une société de cette importance ne s'évapore pas sans laisser d'adresse.

– J'ai trouvé ! s'écrie Schéhérazade en se frappant soudain le front. *Euridile* !

– *Euridile* ? Kézaco ?

– Tu ne regardes donc jamais les pubs à la télé ? *Euridile* est une messagerie pour les entreprises. Vite, le Minitel !

Surexcitée, elle bouscule une petite vieille qui remplit des imprimés et se plante devant l'écran. Quelques fausses manœuvres, puis la communication s'établit. Elle pianote sur le clavier le nom de la Batisoc, l'indicateur de recherche clignote quelques secondes qui nous paraissent interminables, puis un texte se compose sur l'écran.

– Catastrophe, gémit Schéhérazade. Notre dernière piste s'envole.

Il y a bien une entrée au nom de la Batisoc. Seulement pour nous apprendre que cette société a déposé son bilan il y a huit mois.

Huit mois, c'est-à-dire un semestre avant que ne commencent les persécutions au téléphone et les visites nocturnes chez Esther Rosenbaum.

La Batisoc est hors de cause. Quant à son ancien directeur, un certain Milan-Dufour, le Minitel nous apprend qu'il est au Sénégal, reconverti dans une entreprise d'import-export en huile d'arachide.

Le coup est dur. Très dur, même. Il ne nous reste plus qu'à regagner l'agence, toutes nos belles théories effondrées.

– Avec tout ça, je vais être en retard, je marmonne en défaisant mon antivol.

– C'est tout ce que tu trouves à dire ? Vraiment, mon pauvre Matt, je te trouve lamentable ! siffle Schéhérazade en repoussant avec brusquerie le casque que je lui tends.

Disparue la belle euphorie de l'après-midi. Elle monte en amazone sur mon Solex pour éviter de me tenir la taille, l'œil si sombre que je n'ose répliquer. Cette fois, notre enquête est bien à l'eau.

CHAPITRE DIX-SEPT

RÉSIGNE-TOI, ME DIS-JE EN ARRIVANT. MATT, CE MÉTIER N'EST PAS POUR TOI…

Depuis que j'ai pris en main l'affaire Rosenbaum, tout est allé de mal en pis… La protection rapprochée ? Une catastrophe : je n'ai réussi qu'à me bousiller les coudes et à effaroucher le rôdeur… La détection ? Chou blanc sur toute la ligne : Desotto, la Batisoc, toutes les pistes m'ont claqué l'une après l'autre entre les doigts… Joli bilan, Matt ! Soyons lucide : je ferais mieux d'abandonner le métier de détective pour me consacrer à la peinture sur soie ou à l'élevage de mouches.

– Ah ! le retardataire ! s'exclame Clara quand nous pénétrons dans l'agence. Vous tombez bien, tous les deux. Venez par là, j'ai deux mots à vous dire !

Je commence des explications embrouillées, mais elle me coupe net, nous entraîne dans son bureau dont elle ferme la porte.

– Dans quoi êtes-vous donc allés vous fourrer ? s'emporte-t-elle. J'ai reçu il y a une demi-heure un appel très désagréable d'un certain cabinet Ledoux, une étude de notaire pour ne rien vous apprendre.

J'ai brusquement l'impression que le sang se retire de mes joues.

– Le cabinet Ledoux ? je bégaye.

– Maître Ledoux était très en colère. Il a menacé de porter plainte ! Il prétend que deux jeunes gens qui se font passer pour des détectives de l'agence importunent une vieille dame sans défense, sa tante à ce que j'ai compris...

Cette fois, ça tourne mal : nous voilà démasqués. Monsieur Pertinax va pousser l'une de ces grosses colères dont il a le secret, me virer séance tenante, et adieu l'agence, Schéhérazade et mon boulot pour l'été.

– Clara, dis-je, la tête basse. Je vais tout vous expliquer.

– Ah ! mais j'y compte bien mon garçon ! Je t'écoute, et tâche d'être convaincant, c'est un conseil d'amie.

Schéhérazade s'est assise dans un fauteuil, une jambe repliée sous elle, et suce son genou comme si tout cela ne la concernait pas. Après tout, elle ne risque rien, sinon un remontage de bretelles. C'est moi l'employé de l'agence. Une seconde, je pense à ma mère, à sa déception quand elle apprendra que je me suis fait renvoyer une fois de plus.

Je prends une grande inspiration et je déballe tout à Clara : la visite d'Esther Rosenbaum, les appels anonymes, les menaces, le chantier aux portes de sa maison... Elle m'écoute en silence, les yeux dardés sur moi avec une telle intensité que j'ai l'impression de passer un scanner, se demandant encore si elle peut me faire confiance... Quand j'en arrive au récit de la nuit, à notre enquête ratée à la Batisoc, je sens que la partie est à moitié gagnée.

– Rosenbaum... Rosenbaum... Oui, je me souviens, maintenant : une femme portant ce nom a appelé l'agence il y a quelques jours. Une voix très confuse. J'avoue avoir cru qu'elle était un peu dérangée, je n'ai pas jugé bon d'en parler à M. Pertinax.

– Elle était si seule, si désemparée, dis-je. Il fallait que quelqu'un l'aide.

– Mais pourquoi ne m'as-tu rien dit ? demande Clara d'un ton subitement radouci. Ce genre de travail concerne l'agence, pas un gamin de ton âge. Et s'il t'était arrivé quelque chose ?

– Ce que je ne comprends pas, intervient Schéhérazade en piochant un chewing-gum dans la boîte de Clara, c'est le rôle joué par Ledoux. Pourquoi a-t-il appelé ici ? Au contraire, il devrait être content qu'on protège sa chère tantine.

– Sans doute a-t-il pensé que ce n'était pas l'affaire de deux énergumènes de votre sorte, dit Clara en remisant sa boîte de Freedent dans un tiroir. Vous avez de la chance qu'il soit tombé sur moi, en tout cas, pour l'instant, M. Pertinax n'est au courant de rien.

Mon cœur fait un bond.

– Vrai ? Vous ne lui avez rien dit ? Oh ! merci Clara, merci !

Elle se laisse embrasser sur la joue avant de me repousser en bougonnant.

– Ça va, Don Juan. Garde ta tendresse pour cette jeune fille. Pour l'instant, il s'agit de vous sortir de ce guêpier...

Elle plisse son joli front, tapotant pour réfléchir la surface de son bureau de ses ongles laqués.

– Je ne vois qu'une solution : demander à Ferreira d'essayer d'arranger discrètement l'affaire. Justement, il n'a rien à faire cet après-midi. Je vais rappeler l'étude Ledoux pour lui obtenir un rendez-vous. Donnez-moi tout ce que vous avez pu recueillir.

Je lui tends le numéro que nous a donné l'hôtesse à l'ancien siège de la Batisoc.

– Malheureusement, nous n'avons que ça : c'est le téléphone de l'étude qui s'est occupée des transactions immobilières de la cité des Lilas.

– Vous êtes sûrs ? s'étonne Clara, chaussant ses lunettes pour mieux lire. Mais c'est le téléphone de l'étude de maître Ledoux !

La surprise me laisse sans voix. Qu'est-ce que c'est encore que cette histoire ?

– Nom d'une pipe ! s'écrie Schéhérazade en bondissant sur ses pieds. Tout s'éclaire ! Comment n'y avons-nous pas pensé plus tôt ?

Clara et moi la regardons, ahuris, comme si elle venait d'être piquée soudain par une vipère.

– Ce type m'a paru louche depuis le début, poursuit-elle, au comble de la surexcitation. Rappelle-toi, Matt, Esther Rosenbaum nous a dit avoir fait mettre son téléphone sur la liste rouge. Or les appels anonymes ont continué ! Qui d'autre que lui pouvait avoir le numéro d'Esther ?

Elle se gratte la tête furieusement, cherchant à mettre de l'ordre dans son raisonnement.

– Quand il découvre que nous protégeons sa tante, que fait-il ? Il appelle l'agence et menace de porter plainte. Curieux comportement pour un brave neveu, non ? Et maintenant nous apprenons que c'est son étude qui s'est occupée d'acheter maisons et terrains pour la Batisoc. Vous comprenez ?

Clara hoche la tête en silence.

– Moi non, dis-je. Quel intérêt aurait Georges Ledoux à terroriser sa propre tante ?

Schéhérazade lève les yeux au ciel.

– Mais l'argent, mon pauvre Matt, l'argent ! Sur chaque terrain acheté et vendu aux promoteurs de la cité pour qu'ils construisent leurs immeubles, l'étude Ledoux doit palper une jolie commission, tu peux me croire !

– Et sur un projet de cette taille, confirme gravement Clara, les sommes en jeu sont considérables... Mes enfants, j'ai l'impression que vous venez de mettre en plein dans le mille.

A mon tour de hocher la tête. Tout se tient : Georges Ledoux et le rôdeur ne font qu'un. Il réussit à nous échapper dans le chantier désert, revient au matin pour comprendre qui sont ses mystérieux poursuivants et cherche à nous écarter en appelant l'agence.

– Mais alors ! je m'écrie. Esther Rosenbaum est en danger : son neveu devait passer la prendre cet après-midi !

– Vite, dit Clara. Il n'est peut-être pas trop tard pour la prévenir.

Sautant sur le téléphone, elle compose le numéro de la vieille dame. Nous attendons, le souffle coupé, suspendus à la sonnerie interminable au bout du fil. Personne...

– Elle a pu s'absenter un instant pour faire une course, décide Clara. Tant pis, j'appelle l'étude Ledoux.

Elle tombe sur la secrétaire du notaire.

– Maître Ledoux ? Désolée, madame, il est en rendez-vous à l'extérieur.

– Savez-vous à quelle heure il rentrera ? C'est très important.

– Il m'a dit qu'il se rendrait ensuite à sa maison de campagne, sans repasser par l'étude.

– Pourrais-je avoir son adresse là-bas ? Je dois le joindre de toute urgence.

– Navrée, madame, mais je ne suis pas autorisée à vous donner ce genre d'informations. Rappelez demain, à l'étude.

– Flûte ! dit Clara en raccrochant brutalement. Maudites soient les secrétaires trop zélées !

Ce qui, dans sa bouche, ne manque pas de sel. Mais nous n'avons pas le cœur à rire : notre pauvre protégée vient de se jeter dans la gueule du loup.

– Salut la compagnie ! lance Ferreira en pénétrant dans le bureau en coup de vent. On se taille une bavette bien gentiment pendant que de pauvres bougres comme moi usent leurs semelles à arpenter Paris ?

– Ferreira, l'interrompt Clara en l'asseyant de force dans un fauteuil, fermez votre clapet une minute et écoutez-moi.

– AINSI, C'ÉTAIT ÇA, L'HISTOIRE DE TA GRAND-MÈRE, P'TIT ? RIGOLE FERREIRA EN M'ADRESSANT UN CLIN D'ŒIL QUAND CLARA lui a tout raconté. Vous en faites une tête ! On dirait qu'on vient d'enterrer quelqu'un.

– C'est ce qui risque de se produire si vous vautrez plus longtemps votre grosse carcasse dans ce fauteuil, s'emporte Clara. La vie d'une vieille dame est en jeu, Ferreira !

– Du calme, poupée... L'affaire est claire. Pour le reste, pas d'affolement, Ferreira prend les choses en main.

Il s'empare d'un trombone sur le bureau, le déplie avec une lenteur exaspérante avant de s'en servir pour se curer les dents.

– Si je résume, marmonne-t-il enfin, il s'agit juste de retrouver une petite vieille kidnappée par son neveu, c'est ça ?

– Je ne sais pas si vous savez combien il existe de Ledoux à Paris et en banlieue... Même en cherchant sur Minitel, nous en avons pour des jours avant de trouver la maison de campagne du notaire !

Ferreira s'étire nonchalamment.

– Laissez faire le spécialiste... Téléphone, poupée, ajoute-t-il en claquant dans ses doigts. Numéro de l'étude, papier et stylo.

Clara s'exécute avec empressement, à la façon d'une infirmière obéissant aux ordres d'un chirurgien.

– Allô, étude Ledoux ? Bonjour, madame. Maison Pinard & Fils à l'appareil.

Il nous adresse un clin d'œil, le combiné calé au creux de l'épaule, l'air aussi dégagé que s'il accomplissait une opération de routine.

– Je vous appelle au sujet de cette caisse de champagne que je dois livrer au domicile de maître Ledoux. J'ai une adresse à la campagne, malheureusement elle est incomplète... Allô ? Oui, oui, allez-y, je note...

Il griffonne sur le bloc sténo de Clara, remercie et raccroche.

– Et voilà le travail. Pas plus compliqué que ça… Prends-en de la graine, p'tit.

J'applaudis sincèrement : le petit numéro de Ferreira, mine de rien, nous a fait gagner des heures précieuses.

– Facile, grogne Schéhérazade devant l'air satisfait du détective. J'aurais pu faire aussi bien.

– Trêve de chamailleries, intervient Clara. Le temps presse.

– Mais c'est une adresse près de Fontainebleau, dis-je. Comment allons-nous nous y rendre ?

Ferreira renfile sa veste froissée et se lève en grimaçant.

– Le plus simplement du monde, p'tit, en taxi.

Cette fois, c'est à Clara de protester :

– Pour qui croyez-vous que vous travaillez, Ferreira : pour l'Aga Khan ? Je voudrais voir la tête de M. Pertinax quand vous lui présenterez une note de taxi Paris-Fontainebleau.

– Aucun problème, poupée. C'est le notaire qui paiera. Il peut bien faire ça pour sa tantine, non ? Appelez-nous la station. Je veux une voiture en bas dans quatre minutes.

Ferreira, dans l'action, est irrésistible. Avec son nez écrasé, ses paupières tombantes, il a la nonchalance d'un serveur de restaurant chinois. Mais sous cette apparence endormie se cache un bulldozer : une mâchoire en coup de poing, l'autorité d'un poids mi-lourd et l'expérience d'un vieux renard.

Trois minutes plus tard exactement, nous nous tassons à l'arrière d'une vieille 404.

– Je vais dormir un peu, dit Ferreira après avoir donné

l'adresse au chauffeur. Réveillez-moi quand nous serons arrivés.

Sa carcasse de rugbyman prend tant de place sur la banquette que Schéhérazade est presque obligée de s'asseoir sur mes genoux. Ce n'est pas moi qui m'en plaindrais, notez bien. Mais une heure et demie de voiture avec son coude dans mes côtes, Ferreira qui ronfle à tout casser et le chauffeur qui sifflote, c'est long, croyez-moi ! Heureusement que Clara est restée pour garder la boutique, comme elle dit.

– Vous ne pourriez pas aller un peu plus vite ? je demande, regardant l'aiguille du compteur de vitesse osciller péniblement autour de cinquante à l'heure.

– Impossible, patron, ou bien on va couler une bielle.

Il ne nous reste plus qu'à ronger notre frein dans le taxi surchauffé. A l'endroit où Schéhérazade s'appuie sur moi, ma chemise est trempée et me colle à la peau.

– Pourvu que nous arrivions à temps, murmure-t-elle en me broyant le genou.

A la sortie de l'autoroute, le chauffeur s'arrête sur le bas-côté.

– Qu'est-ce que vous faites ?

– Le moteur. Il faut le laisser refroidir. De toute façon, je suis perdu.

Il ouvre le capot, déplie une carte de la région qu'il consulte en se grattant la tête. Encore une demi-heure de perdue. Quand nous repartons, Ferreira n'a même pas ouvert un œil.

– Comment peut-il ronfler quand la vie d'une vieille dame est en danger ? s'indigne Schéhérazade en se forçant une place à coups d'épaule.

– Danger ? intervient le chauffeur en freinant brutalement. Vous avez dit danger ? Ah ! non, très peu pour moi, je n'irai pas plus loin.

Il faut parlementer, expliquer qui nous sommes pour qu'il accepte de reprendre la route contre une promesse de pourboire. Quand nous arrivons enfin au village de maître Ledoux, il est près de dix-huit heures.

– C'est là, dis-je en éveillant Ferreira.

Il a l'œil frais, le visage reposé et semble ravi de cette petite balade à la campagne.

– Dites donc, les mômes, siffle-t-il entre ses dents en réglant le chauffeur, il ne s'ennuie pas, le notaire.

Le taxi nous a déposés devant une grosse maison blanche à toit de tuiles. Devant coule une rivière qu'enjambe un petit pont de pierres fleuri de roses en fleurs. Une pelouse descend en pente douce jusqu'à la rive, ombragée de saules et de peupliers.

– Quand je pense au petit pavillon d'Esther Rosenbaum, s'indigne Schéhérazade.

N'empêche, je suis snobé. Tant de luxe m'épate. Quelle différence ça doit faire de vivre dans une demeure de cette taille, au milieu des fleurs et des oiseaux, plutôt que dans notre petit trois-pièces de la cité...

Pourquoi ma mère n'a pas épousé un notaire ? Elle a beau dire que l'argent ne fait pas le bonheur, que ce genre de maison, c'est beaucoup d'entretien et de tracas, je suis sûr qu'elle préférerait passer ses journées à tailler ses rosiers qu'à faire de la couture à l'atelier. On aurait bien assez de chambres pour loger ma grand-mère avec nous, je passerais l'été à pêcher dans la rivière et à jouer au foot sur la pelouse. Peut-être aussi qu'avec une baraque pareille, mon père ne serait pas parti... Peut-être qu'on aurait été heureux tous les cinq, lui, ma mère, ma grand-mère, mon frère Bernard et moi, qu'il

n'aurait pas eu besoin d'aller chercher ailleurs une autre vie.

– Avoir tant de fric, et s'en prendre à une vieille dame, continue Schéhérazade. C'est vraiment dégueulasse !

La vie est bizarre, je pense. Certains n'ont qu'une vieille maison minable et s'y accrochent de toutes leurs forces, d'autres une baraque de rêve et ils en veulent toujours plus. C'est sans doute ma mère qui a raison : se contenter de ce qu'on a, voilà la vraie sagesse... Mais j'attendrai d'avoir son âge pour devenir sage.

– Pas d'hystérie, fillette, dit Ferreira. Ça n'est jamais bon dans l'action. Du doigté, toujours du doigté ! Vous allez voir.

Et suspendant sa grosse patte à la poignée de la sonnette, il la secoue si violemment qu'une pluie de lierre nous tombe dessus.

Après quelques secondes, le portail s'ouvre sur une femme entre deux âges, vêtue de noir et d'un tablier blanc à la mode des gouvernantes d'autrefois.

– Vous désirez ?

– Maître Ledoux, dit Ferreira avec une politesse exagérée en lui tendant sa carte. Agence Pertinax.

– C'est que maître Ledoux est occupé. Je vais voir s'il peut...

– Il nous attend, coupe Ferreira en pénétrant d'autorité dans le jardin.

La gouvernante hésite un instant puis, devant son assurance, elle se résigne d'un haussement d'épaules.

Nous remontons la pelouse derrière elle, rassurés par la

présence de Ferreira mais un peu inquiets tout de même de ce que nous allons trouver. Ce jardin idyllique, ces massifs taillés avec amour paraissent un cadre bien peu propice à un crime crapuleux. Mais l'histoire des chats, le pigeon mort dans le colis le prouvent : Georges Ledoux semble prêt à tout pour parvenir à ses fins, même à commettre un tanticide.

– Par ici, dit la gouvernante en nous guidant sur une allée sablonneuse qui contourne la maison.

Cette fois, nous touchons au but. Une terrasse abritée d'un vélum surplombe une vaste piscine turquoise, de dimension presque olympique. Un parasol, des meubles de jardin, un petit bar roulant surchargé de bouteilles.

Georges Ledoux est là, en veston clair, un verre à la main, trinquant avec un homme de haute taille qui lui murmure quelque chose à l'oreille.

Légèrement en retrait, assise dans un fauteuil de toile, se tient Esther Rosenbaum. Vivante, en bonne santé apparemment, le visage hâlé par l'ombre dorée d'un grand chapeau de paille. Sur ses genoux, des papiers qu'elle paraît étudier, un stylo à la main.

– Matt, Schéhérazade ! s'exclame-t-elle en nous apercevant. Quelle bonne surprise !

Georges Ledoux se retourne, les traits soudain décomposés.

– Agence Pertinax, se présente Ferreira sans lui laisser le temps de revenir de sa surprise. Vous connaissez mes jeunes assistants, n'est-ce pas ?

Georges Ledoux en bredouille de rage tandis que nous serrons chaleureusement les mains de notre vieille amie.

– Je vous préviens, je ne tolérerai pas cette intrusion inadmissible !

– Permettez, maître, riposte Ferreira sans se démonter. C'est vous qui avez pris contact avec l'agence. D'ailleurs, je ne crois pas que ce que nous avons à nous dire doive être débattu devant monsieur, ajoute-t-il en désignant l'étranger.

Georges Ledoux ouvre la bouche puis, vaincu, se tourne vers son invité.

– Il a raison. Excusez-moi, Paul, mais je crois qu'il vaut mieux... Des circonstances indépendantes de ma volonté... Je suis sûr que vous comprenez.

– Mais la signature ? Le contrat ? proteste l'autre.

– Je vous appelle demain... Nous reparlerons de tout ça plus posément...

– Nous avons eu si peur pour vous, dis-je à Esther Rosenbaum tandis que la gouvernante raccompagne le visiteur.

– Peur ? s'étonne-t-elle avec un grand sourire innocent. Mais je suis chez mon neveu, je ne risque rien !

– Bien sûr que non, la rassure Schéhérazade en me pinçant le gras du dos.

Là-bas, hors de portée de nos oreilles, Ferreira s'explique avec Georges Ledoux. Schéhérazade a raison : inutile de trop en dire à la vieille dame pour le moment.

– Nous venions vous annoncer une merveilleuse nouvelle,

continue Schéhérazade. Tout est terminé : le rôdeur est hors d'état de nuire, vous pouvez rentrer chez vous.

Le saisissement coupe les jambes de notre amie. Elle pousse un cri et doit s'asseoir, les yeux fermés, s'éventant avec son chapeau pour reprendre ses esprits.

Quand elle peut à nouveau parler :

– Je n'osais plus y croire... Oh ! mes enfants, comment vous remercier ? Et dire que je m'apprêtais à signer la vente de mon pavillon ! Mon neveu avait fini par me convaincre et, sans votre intervention, je vendais tout à ce promoteur.

A notre tour de pousser un cri. Ainsi, ces papiers, le visiteur... A une minute près, les carottes étaient cuites, le pavillon vendu et nous avions perdu.

Ferreira nous rejoint, accompagné de Georges Ledoux, la tête basse, essuyant la sueur qui perle sur son front chauve.

– Je viens d'avoir une explication avec monsieur. Il s'est montré très compréhensif. Tout devrait finir par s'arranger.

Il nous lance un clin d'œil à tous les deux avant de poursuivre :

– Va vite rassurer Clara, p'tit. Elle doit bouillir d'impatience... Vous permettez qu'on utilise votre téléphone, maître ?

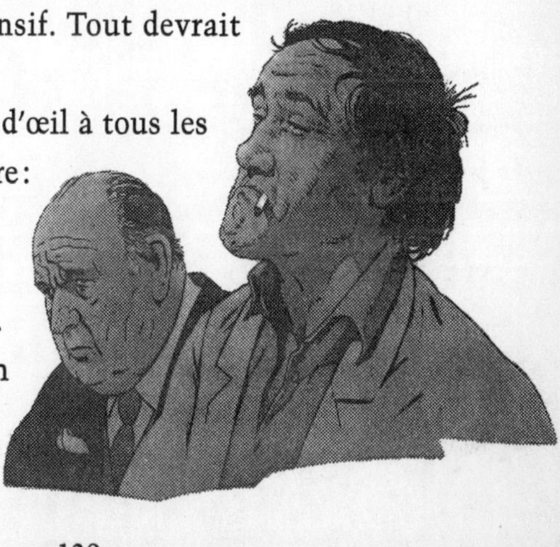

Georges Ledoux hoche la tête sans répondre.

– Et pour ma note de taxi…

– Oui, oui, tout ce que vous voudrez.

Comme je m'éloigne vers la maison :

– Eh ! p'tit ! me rappelle Ferreira. Dis-lui que maître Ledoux nous a autorisés à profiter de sa magnifique piscine avant de rentrer !

– Mais je n'ai pas de maillot, proteste Schéhérazade.

– Aucun problème, fillette, riposte Ferreira en masquant un sourire derrière son poing, je fermerai les yeux.

Tout le monde éclate de rire, sauf Ledoux et Schéhérazade qui devient rouge comme une tomate.

C'est bien ma veine, moi : chaque fois qu'il se passe quelque chose d'intéressant, on m'envoie téléphoner.

GEORGES LEDOUX A TOUT AVOUÉ. COMME NOUS L'AVIONS DEVINÉ, SON ÉTUDE ÉTAIT CHARGÉE DE NÉGOCIER LA VENTE des terrains nécessaires à la construction de la cité. Le refus de sa tante l'avait placé en mauvaise posture : faute de pouvoir construire le troisième immeuble, le promoteur avait bloqué le versement des commissions. Acculé par les dettes, Georges Ledoux s'était résigné à chasser sa tante par la force. D'où les appels anonymes, les visites nocturnes, l'empoisonnement des chats, le macabre colis... Naturellement, nous n'avons rien dit à Esther Rosenbaum. Georges Ledoux est son seul parent, cette révélation lui aurait été fatale.

C'est M. Pertinax qui a négocié toute l'affaire. Contre la promesse de ne pas porter plainte, maître Ledoux s'est engagé à faire construire autour du pavillon d'Esther Rosenbaum un espace vert pour la cité. Quant au troisième immeuble, il sera plus petit, voilà tout.

C'est aussi maître Ledoux qui a payé l'agence pour ses services. Ferreira a eu droit à une jolie prime, moi à une bonne engueulade suivie de chaleureuses félicitations... Allez donc comprendre.

J'ai revu Mickey et les gens de la barre. Bien qu'ils prétendent le contraire, je sais par Esther qu'ils viennent de temps en temps goûter chez elle.

J'ai retrouvé mon placard, mes dossiers, les vannes des détectives et les œillades de Clara. Un étage au-dessus, Schéhérazade soigne sa cheville. Foulure forcée, elle a dit. Quelquefois, le matin, j'entends sa béquille qui clopine au-dessus de ma tête.

Elle a promis de descendre me voir à l'heure du déjeuner quand elle sera guérie. Le soir, quand je quitte l'agence, j'hésite à monter, mais je n'ose pas. Je reprends mon Solex en me traitant d'idiot et je rentre chez moi.

L'été vient juste de commencer. J'ai encore du boulot par-dessus la tête à l'Agence Pertinax et tout le temps qu'il faut pour tomber amoureux.

Pour faire connaissance avec Jean-Philippe Arrou-Vignod, qui a écrit ce livre

Où êtes-vous né ?
A Bordeaux, en 1958, dans une famille de six garçons. A nous seuls, on aurait pu former une équipe de basket. On jouait au Tour de France avec de petits cyclistes dans l'allée de la belle maison qu'avaient mes grands-parents et où nous passions nos vacances. C'était l'époque d'Anquetil et de Poulidor dont on suivait les exploits à la radio.

Où vivez-vous maintenant ?
Dans la banlieue ouest de Paris, près du collège où je travaille. je m'y rends à pied chaque matin, le long d'une avenue plantée de marronniers. Agréable, non ?

Écrivez-vous chaque jour ?
L'été, oui, quand je suis en vacances. Je m'installe sur la terrasse d'une petite maison, en Espagne, et j'écris en écoutant le chant des cigales. Durant l'année scolaire, les copies de mes élèves me laissent peu de temps, alors je me rattrape l'été. Entre nous rien n'est meilleur après une journée passée à écrire qu'un bon plongeon dans la piscine...

L'histoire d'*Agence Pertinax *est-elle purement imaginaire ?
Oui. A seize ans, comme Matt, j'aurais rêvé d'être engagé dans une

agence de détective. Le seul mystère que j'aie jamais résolu, c'est la disparition du canif à huit lames de mon frère aîné. Normal : c'est moi qui le lui ai volé.

VOUS A-T-IL FALLU BEAUCOUP DE TEMPS POUR ÉCRIRE CE LIVRE ?
A peu près un an. Il faut d'abord rêver une histoire, la laisser se composer lentement dans l'imagination. C'est l'étape la plus longue. Puis, un jour l'histoire paraît mûre, et l'écriture commence : il n'y a plus qu'à tirer sur le fil – c'est la première phrase – avec précaution, et toute l'histoire se vide sur le papier.

QU'EST-CE QUI VOUS A INSPIRÉ CE LIVRE ?
Une vraie agence de détective devant laquelle je passais, enfant, sur le chemin de l'école. Elle s'abritait dans un vieil immeuble à la façade noircie, avec une enseigne lumineuse représentant un masque comme sur les romans d'Agatha Christie. En écrivant ce livre, j'ai réalisé un vieux rêve : entrer dans cette agence mystérieuse au lieu d'aller à l'école.

EST-CE VOTRE PREMIER ROMAN ?
Non. *Agence Pertinax* est mon treizième roman. Un chiffre porte-bonheur.

Jean-Philippe Arrou-Vignod a publié dans la collection Folio Junior les aventures de P.-P. Cul-Vert détective privé *en quatre histoires Jean-Philippe Arrou-Vignod écrit aussi pour les adultes.* Le Rideau de la nuit, *(prix du Premier Roman 1984),* Un amateur en sentiments *(1987),* Le Cabinet à éclipses *(1990),* Le Discours des absents *(1993) et* Le Conseil de discipline *(1995) ont paru aux éditions Gallimard.*

PHILIPPE MUNCH NOUS RACONTE COMMENT IL A ILLUSTRÉ AGENCE PERTINAX

Tout a commencé par un sombre soir d'hiver. J'étais à ma table à dessin quand soudain la sonnerie de mon téléphone a retenti. Je bondis, renversant au passage un plein flacon d'encre qui se répand sur l'illustration que j'étais en train de terminer.
D'une main, je décroche alors violemment le récepteur tandis que, de l'autre, j'essaie en vain de rattraper le reste du combiné qui a suivi le mouvement.
Déséquilibré, j'en profite pour tomber de mon tabouret en entraînant dans ma chute une boîte de crayons, un cendrier plein et une tasse de café. Je parviens néanmoins à articuler un « allô » tout à fait convenable. « Bonjour Philippe, répond mon éditeur. Je ne te dérange pas ? En fait je t'appelais pour te proposer d'illustrer un roman policier qui devrait te plaire. » « Ah ? Tu crois ? » « Oui, tiens, par exemple, il y a de superbes scènes de chantier... » J'ai regardé mon atelier, l'encre qui gouttait de la table, le tabouret renversé, l'image maculée. Puis je me suis entendu dire : « Les chantiers ça me connaît. Envoie-moi ce fameux manuscrit. » Pour tout vous dire, je partais avec un a priori plutôt défavorable à l'encontre de Matt, mais mon opinion devait rapidement changer.
Le ton même du roman, son ancrage dans le quotidien, le vieux Ferreira, Mickey et les autres, tout cela me plut immédiatement. Et puis il y avait Schéhérazade. Ah ! Schéhérazade... A présent que j'ai livré mes images, je me sens un peu orphelin. J'aimerais bien que l'on m'annonce que la suite est déjà écrite. Réflexion faite, écrivez-moi plutôt, parce que je suis en train de terminer un dessin, que mes flacons d'encre sont ouverts et que... Driiing!

Du même auteur

dans la collection FOLIO **JUNIOR**

Le professeur a disparu

n° 558

Monsieur le Principal,

Un petit mot de Venise où nous sommes bien arrivés. Il fait beau et le carnaval bat son plein. Transmettez notre bonjour à tous les copains de la classe.

Mathilde, Rémi, Pierre-Paul, les gagnants du concours.

P. S. Un détail cependant, le professeur qui nous accompagnait a disparu cette nuit dans le train qui nous conduisait à Venise. Rassurez-vous nous sommes sur la piste des ravisseurs.

Enquête au collège

n° 633

Que se passe-t-il donc, au collège ? Qui se promène la nuit dans les couloirs déserts ? Quel secret abritent les sous-sols où aucun élève n'est jamais allé ? Qui a saccagé la salle de sciences naturelles et assommé M. Cornue, le laborantin ?

Le principal cherche parmi les internes... Une seule solution pour Rémi et P.P. Cul-Vert, aidés de la douce Mathilde : découvrir eux-mêmes la vérité.

Après *Le professeur a disparu*, les trois amis mènent à nouveau l'enquête. Et rien n'est plus mystérieux, à y bien regarder, qu'un collège à la nuit tombée...

P.P. CUL-VERT DÉTECTIVE PRIVÉ

n° 701

Un lugubre cottage en Angleterre, une hôtesse inquiétante, une duchesse dévalisée, un singulier spécialiste des poisons orientaux... Il n'en faut pas plus pour transformer un innocent séjour linguistique en une palpitante aventure.

Décidément, rien n'est simple pour Rémi, Mathilde et Pierre-Paul ! Heureusement P.P. Cul-Vert est là. La loupe à la main, il n'a pas son pareil pour résoudre les énigmes... ou pour les embrouiller à plaisir.

Sur la piste de la salamandre

n° 753

Une chasse au trésor organisé par un journal : quelle aubaine pour Mathilde, Rémi et Pierre-Paul, spécialistes de l'aventure ! Eux qui redoutaient de s'ennuyer pendant les grandes vacances, les voilà lancés sur la piste d'une statuette de salamandre qui semble beaucoup intéresser de mystérieux concurrents… Dans un manoir abandonné ou dans le dédale de souterrains secrets, les énigmes et les dangers se succèdent sans répit. Décidément, les vacances avec P.P. Cul-Vert, ce n'est jamais la vie de château !

Loi n° 49-956 du 16 juillet 1949
sur les publications destinées à la jeunesse
ISBN 2-07-051521-4
N° d'édition : 82791 - N° d'impression : 39737
Dépôt légal : septembre 1997
Imprimé en France sur les presses de l'imprimerie Hérissey